U0631903

　　本研究得到国家自然科学基金（项目编号：71173086）、湖北省人文社科基金（项目编号：14G236）、武汉轻工大学社科重点基金（项目编号：2013d09）等大力支持

# 中国农业保险监管研究

## RESEARCH ON AGRICULTURAL INSURANCE SUPERVISION IN CHINA

邓 义 陶建平 著

科学出版社
北京

# 内 容 简 介

我国是一个农业大国，农业发展面临多重风险，为此，不仅要加强农业科技推广，更迫切需要优化制度设计。农业保险是现代农业发展的风险管理制度，农业保险监管是农业保险可持续发展的外部保障。基于此，本书按照农业保险监管的"理论基础—衡量体系—实证测度——障碍分析—域外考量—体系构建—运行保障"的逻辑构架，从国内外农业保险监管的文献综述入手，阐述农业保险监管理论，提出我国农业保险监管的衡量体系，对我国农业保险监管有效性进行系统衡量；基于国外先进发达的农业保险及监管案例，对不同类型国家的农业保险监管进行域外考量；基于以上研究结论，提出我国农业保险监管生态体系的基本构架及其实现机制。

本书可作为高等院校经济类、管理类、金融类、法学类、社会学类等专业师生的专业用书和参考用书，也可供政府部门、保险监管机构、保险公司、保险中介等机构从事农业保险及监管实务阅读、参考。

**图书在版编目（CIP）数据**

中国农业保险监管研究／邓义，陶建平著．—北京：科学出版社，2015.6

ISBN 978-7-03-044575-9

Ⅰ.①中⋯ Ⅱ.①邓⋯ ②陶⋯ Ⅲ.①农业保险–监管制度–研究–中国 Ⅳ.①F842.66

中国版本图书馆 CIP 数据核字（2015）第 124810 号

责任编辑：林 剑 张 菊／责任校对：彭 涛
责任印制：徐晓晨／封面设计：耕者工作室

科学出版社 出版
北京东黄城根北街 16 号
邮政编码：100717
http://www.sciencep.com

北京厚诚则铭印刷科技有限公司 印刷
科学出版社发行 各地新华书店经销

\*

2015 年 6 月第 一 版 开本：B5（720×1000）
2017 年 1 月第三次印刷 印张：11 5/8
字数：221 000

**定价：96.00 元**

（如有印装质量问题，我社负责调换）

# 前　言

农业是国民经济的基础，也是一个天生弱质性产业，会受到多重自然风险和系统性风险的威胁，直接影响粮食安全、经济安全和生态安全。我国传统小规模经营的农户经济无法有效管理农业风险，实现持续稳定发展。农业保险作为现代风险管理制度，对分散农户生产风险、提高农业风险管理能力、发展现代农业具有重要意义。2004 年中央一号文件提出试点政策性农业保险。2015 年 2 月 1 日中共中央、国务院一号文件《关于加大改革创新力度加快农业现代化建设的若干意见》再次提出，加大中央、省级财政对主要粮食作物保险的保费补贴力度，将主要粮食作物制种保险纳入中央财政保费补贴目录，积极推动农村金融立法，促进农业保险健康发展。

我国农业保险自 1982 年恢复试办以来，已走过 30 余年的历程，其发展经历了试办、恢复、萎缩，2004 年政策性农业保险破题试点，从此我国农业保险业务进入快速发展阶段，宏观上取得阶段性成功。但随着农业保险的深入发展，其运行中出现一些新问题，如地方政府的缺位与越位、保险公司的逐利与违规、投保农户的道德风险与逆选择等。自 2010 年开始，其发展步伐明显减慢，其后 3 年又出现高速发展，2014 年再度放缓脚步，呈现发展不稳定状态，农业保险实践面临新的挑战，监管相对滞后日益凸显，影响农业保险的可持续发展。

农业保险监管是一种特殊的保险监管，是国家农业保险监管机构依据相关法律制度对农业保险主体及其行为的监督与管理，是政府管理职能的一部分，也是农业保险实现社会公共利益的需要。农业保险是准公共物品，不能以纯商业保险模式推行，只有通过补贴机制和各种政策支持才能促使供需双方达成有效均衡。要实现财政补贴和政策支持等资源配置效率最大化，推进农业保险可持续发展，农业保险监管起着关键作用。保险监管的有效性主要取决于其制度供给与制度执行，是一个涉及多学科理论与实践的重要论题。目前国内对于农业保险监管的系统研究和专门研究并不多见，实践中农业保险监管按照一般商业保险监管模式进行，制度供给不足、执行效率不高，理论研究严重滞后于我国农业保险的现实发展，实践迫切需要农业保险监管的理论支持。基于此，本书尝试从法与经济学视角，应用规制经济学、制度经济学、信息经济学、法经济学的相关理论及分析方法，对我国农业保险监管进行初步系统的研究。

基于以上因素，本书的基本结构、主要内容与研究结论如下：

首先，本书从国内外农业保险监管的文献综述入手，阐述农业保险监管理论，提出我国农业保险监管的衡量体系。通过文献梳理与理论重构，指出农业保险监管不同于一般商业保险监管，一般规制理论是其合理性理论依据，制度分析理论是其可能性理论依据，有效监管理论是其现实性理论依据；农业保险监管不仅包括效益需求，也包括效率需求，是效益与效率的统一，这是由其监管目标具有的政策性决定的。基于该结论，本书通过对农业保险监管有效性的一般目标与特殊目标分析，提出我国农业保险监管的衡量指标不仅包括效益衡量指标，也包括效率衡量指标，并且提出衡量原则与衡量工具，从而形成一个相对系统完整的农业保险监管有效性逻辑评价框架。

其次，本书基于农业保险监管基本理论与衡量体系，对我国农业保险监管有效性进行系统衡量。应用制度分析、成本收益分析、理论模型分析、实证调查分析等方法，从宏观到微观、理论到现实、制度供给到制度执行、静态到动态、效益到效率等多维度多视角对我国农业保险监管进行立体评价。研究认为，宏观方面，我国农业保险监管基本实现了其效益需求，稳定农业保险市场、推动"三农"（农业、农村、农民）经济发展、为经济社会作出巨大贡献，但农业保险监管制度供给不足、成本较高、效益较低；微观方面，我国农业保险监管取得一定实效，规范各参与主体行为，提高农业保险运行效率，但整体效率不高，投保农户对农业保险监管绩效评价较低，尚未形成监管者与被监管者最优利益分配机制，没有实现监管利益最大化。基于该结论，本书从监管理念、监管制度和监管执行等方面对我国农业保险监管有效性的障碍进行系统分析。

再次，本书鉴于国外先进发达的农业保险及监管实践，对不同类型国家的农业保险监管进行域外考量。本书应用比较研究方法，通过对美国、日本等发达国家农业保险监管分析，以及韩国、菲律宾等发展中国家农业保险监管分析，凝练出监管理念、监管制度、监管执行等方面可供我国借鉴的合理因子。

最后，本书基于以上研究结论，提出我国农业保险监管生态体系的基本构架及其实现机制。应用综合研究与规范研究方法，主要从监管目标、监管原则、监管理念三个方面提出构建我国农业保险监管体系的总体思想，从宏观和微观两个视角提出构建我国农业保险监管体系的具体措施，并且基于制度运行和法与经济学理论，从制度供给、制度执行和执行监督三个维度及其对应的立法、执法和司法三个层面，提出我国农业保险监管生态体系的实现保障。

与同类研究成果相比，本书对农业保险监管研究的创新之处主要表现在：

第一，本书尝试应用一种法与经济学相结合的研究农业保险监管的视角与方法。保险监管涉及管理学、经济学、法学、金融学等多学科理论，以往在一般商业保险监管研究方面有大量跨学科研究成果，但在农业保险监管研究领域主要偏向于法学视角的范式研究，注重逻辑分析和比较借鉴。本书尝试从法与经济学视角，综合应用规制经济学、制度经济学、信息经济学、法经济学、法理学等相关理论与方法，对我国农业保险监管进行较为系统的理论分析与客观的实证评价，提高分析的全面性、科学性、有效性、权威性，丰富农业保险监管研究的内容。

第二，本书尝试设计一套农业保险监管有效性衡量指标。基于农业保险监管理论，本书提出农业保险监管不同于一般商业保险监管，应该有独立的评价机制与监管体系，并基于有效保险监管理论分析框架和对我国农业保险监管目标的全面分析，尝试设计一套农业保险监管的衡量体系，为评价我国农业保险监管绩效、进行针对性政策调整提供理论依据和实现工具。

第三，本书尝试构建一个相对系统的农业保险监管生态体系。农业保险监管也应该是一个有机的生态体系，根据农业保险监管衡量指标，基于对我国农业保险监管的全面系统评价，尝试构建我国农业保险监管体系的基本框架，并应用制度运行理论和法与经济学理论，提出农业保险监管体系的运行保障，为解决当前我国农业保险监管面临的问题、提高农业保险监管有效性、促进农业保险的可持续发展，提供操作体系和实现机制。

笔者长期专注于农业保险及其相关方面的研究，本书的出版不仅是农业保险及其监管方面不断探索的阶段性总结，更是开启未来对农业保险持续研究的一个新的起点；不仅是勤奋与智慧的结晶，也是站在巨人肩膀上攀登学术高峰的一次大胆尝试。但由于能力水平有限，加上信息传播日新月异、学术研究百花齐放，书中难免存在不足之处，恳请专家和广大读者不吝赐教。

邓　义　陶建平
2015 年 4 月于江城武汉

# 目　录

第1章　导论 ………………………………………………………… 1

  1.1　研究背景与研究意义 ………………………………………… 1

  1.2　国内外研究动态与评价 ……………………………………… 4

  1.3　研究方法与数据来源 ………………………………………… 11

  1.4　研究内容和技术路线 ………………………………………… 13

  1.5　创新与不足 …………………………………………………… 15

第2章　农业保险监管的理论基础 ………………………………… 18

  2.1　农业保险的基本理论 ………………………………………… 18

  2.2　农业保险监管的基本理论 …………………………………… 24

  2.3　农业保险监管的理论渊源 …………………………………… 31

第3章　农业保险监管有效性的衡量体系 ………………………… 41

  3.1　农业保险监管有效性的内涵及目标分析 …………………… 41

  3.2　农业保险监管有效性的衡量指标体系 ……………………… 46

  3.3　农业保险监管有效性的衡量原则与衡量工具 ……………… 50

第4章　我国农业保险监管有效性的宏观分析 …………………… 56

  4.1　农业保险监管制度需求与供给分析 ………………………… 56

  4.2　农业保险监管执行的成本收益分析 ………………………… 63

  4.3　农业保险监管的宏观目标实现分析 ………………………… 68

第5章　我国农业保险监管有效性的微观分析 …………………… 78

  5.1　农业保险监管有效性的模型分析 …………………………… 78

5.2 农业保险监管有效性的实证评价——契约执行视角 ·············· 86

5.3 农业保险监管有效性的现实分析 ·············· 97

**第6章 我国农业保险监管有效性的障碍分析** ·············· 104

6.1 农业保险监管的理念障碍 ·············· 104

6.2 农业保险监管的制度障碍 ·············· 106

6.3 农业保险监管的执行障碍 ·············· 108

**第7章 农业保险监管的域外考量** ·············· 111

7.1 发达国家农业保险监管分析 ·············· 111

7.2 发展中国家农业保险监管分析 ·············· 116

7.3 国外农业保险监管的比较与借鉴 ·············· 119

**第8章 我国农业保险监管体系的构建** ·············· 123

8.1 农业保险监管的目标、理念、原则 ·············· 123

8.2 农业保险监管的宏观体系 ·············· 127

8.3 农业保险监管的微观体系 ·············· 132

**第9章 我国农业保险监管的运行保障** ·············· 138

9.1 农业保险监管的制度供给保障 ·············· 138

9.2 农业保险监管的制度执行保障 ·············· 139

9.3 农业保险监管的运行监督保障 ·············· 140

**第10章 研究结论与展望** ·············· 142

10.1 研究结论 ·············· 142

10.2 研究展望 ·············· 144

**参考文献** ·············· 145

**附录** ·············· 151

**后记** ·············· 174

中国农业保险监管研究

# 第1章
# 导　论

## 1.1　研究背景与研究意义

### 1.1.1　研究背景

　　农业是国民经济的基础，但它是一个天生弱质性产业，农业生产除了受市场风险、社会风险和技术风险影响外，更多的是受自然风险影响。近些年来，频繁出现洪灾、旱灾、冰雪灾等极端气候灾害，全球气候异常已经"常态化"。这种气候变化将给农业生产经营活动带来巨大影响，尤其是在当前我国农业基础脆弱、农业土地利用密集、农业生产经营分散的情况下。2007年淮河水患、2008年春南方冰雪灾害、2009年秋冬与2010年春夏云贵与广西地区的重度干旱、2011年长江中下游地区的春旱、2012年和2013年波及全国的持续春旱、2014年全国多地遭63年最严重干旱等给我国农业生产造成巨大损失，更让人们忧虑粮食安全、经济安全和生态安全。在多重自然风险和系统性风险下，我国小规模经营的农户经济无法持续稳定发展。在我国，要实现传统农业向现代农业转变，需要政府的大力支持，不仅要加强农业科技推广，更要优化制度设计。引入现代风险管理制度，实施农业保险①，分散农户经营风险，提高农业风险管理能力，这是我国现代农业发展的必然路径选择。

　　我国农业保险自1982年恢复试办以来，已走过30余年的历程，其发展经历了试办、恢复、萎缩，于2004年政策性农业保险破题试点起，我国农业保险业务进入快速发展阶段。经过10年的试点，我国农业保险保费收入不断增

---

　　①　一般而言，农业保险有广义和狭义两个概念，广义的农业保险是指涵盖农村、农民和农业的"三农"保险。狭义的农业保险，则是指种植业保险和养殖业保险。本书研究的农业保险采用狭义概念。

加，由 2006 年的 8.7 亿元猛增到 2014 年的 325.7 亿元；农业保险试点省份逐步扩展，由 2007 年仅有 6 个，发展到 2012 年开始适用全国；农作物保险试点险种不断增加，由最初的 6 种扩大到 15 种，并且逐步开发和推广"菜篮子"产品价格保险、农产品质量保证保险、小额信贷保证保险、农业基础设施保险、天气指数保险、农房保险、农产品价格保险等新型险种；中央财政补贴范围不断扩大，已建立"15+X"的补贴架构，推动发展地方特色农产品的农业保险；适度竞争的市场环境正在逐步形成，一些保险公司纷纷进入农业保险市场，经营农业保险业务的保险公司已由 2008 年的 7 家升至 2013 年的 25 家，每个省份平均都有 2～3 家保险公司获得农业保险经办资格。同时，农业保险经营组织形式不断创新，开始推动农村相互保险试点，补贴力度不断加强，参保面占比稳步提高。因此，农业保险宏观上已取得阶段性成功，据中国保险监督管理委员会（简称保监会）预计，到 2020 年，将实现农产品价格保险覆盖主要大中型城市，农业保险基层服务体系基本覆盖 60% 的农业占比较大乡镇。

但随着农业保险的持续发展，其运行中也出现了一些新问题，如地方政府的缺位与越位、保险公司的逐利与违规、投保农户的道德风险与逆选择等。我国农业保险在经历 2007～2009 年连续 3 年井喷式增长后，2010 年农业保险发展步伐明显减慢，除种植业保险业务保持 8% 的增长速度之外，养殖业保险业务减少 30% 左右。2011～2013 年再次出现同比 30% 以上的增长速度，但是到 2014 年，农业保险的保险费增长速度出现较大滑坡，同比增长只有 6.2%，农业保险费的收入占财产保险行业保费收入的 4.9%，这与前几年保险费收入高速增长相比，有较大差距。我国农业保险经营实践显现出新的矛盾和深层次问题，农业保险业面临新的挑战，农业保险监管的相对滞后日益凸显，影响了农业保险的可持续发展。自 2007 年开始，中央一号文件连续 8 年提出建立农业保险大灾风险分散制度，2012 年 10 月 24 日国务院讨论通过《农业保险条例（草案）》，2014 年国务院出台《关于加快发展现代保险服务业的若干意见》（即"新国十条"），再次提出建立农业保险大灾风险分散制度，时任保监会主席的项俊波在全国保险监管工作会议上表示，农业保险及其监管是未来工作的重点。因此，我国农业保险经过高速发展期后进入发展瓶颈期，或者说是关键战略机遇期，其中，运行监管成为本时期的关键。

## 1.1.2 研究意义

农业保险是准公共物品，担负着一定的公众利益，其消费和生产具有双重正外部性，导致需求不足和供给不足的市场失灵问题，无法完全通过市场机制和自我执行机制得以解决，因此不能以纯商业保险模式推行，往往需采取政策性保险，即由政府通过补贴机制和各种政策支持促使供需双方达成有效均衡。国务院 2012 年 10 月 24 日讨论通过的《农业保险条例（草案）》将农业保险定位为"有国家补贴的商业保险"，这与 2004 年以来"政策性农业保险"的定位区别较大，其主要原因是目前我国农业保险不具有国家兜底和强制性特点，实行"政府引导、政策支持、市场运作、自主自愿和协同推进"的原则，兼有政策性和商业性，仍然有别于一般的商业保险①。实现财政补贴和政策支持等资源配置效率最大化，进而实现农业保险的政策性目标，推进农业保险可持续发展，农业保险监管起着十分重要的作用。

农业保险监管是一种特殊的保险监管，是国家农业保险监管机构依据相关法律制度对农业保险主体及其行为的监督与管理，是政府管理职能的一部分，也是农业保险实现社会公共利益的需要，涉及政府、保险公司、农户等多个主体，财政、保险监管、农业等多个部门，以及经济学、管理学、法学等多学科领域，研究农业保险监管具有重要的理论和现实意义。

**1. 农业保险监管具有重要的理论意义**

农业保险监管是农业保险和整个保险业理论体系的重要组成部分，是农业保险运行有效性的外部保障。由于农业保险的特殊性质决定农业保险运行与一般商业保险运行有很大区别，同时决定农业保险监管与一般商业保险监管也大相径庭。一般商业保险监管以维护市场平稳和保护消费者利益为主要目标，而农业保险监管除此之外，更多地担负着确保国家惠农政策实现的任务。目前我国一般商业保险监管理论体系比较完善，已经形成以偿付能力监管为核心，以偿付能力、公司治理、市场运行监管为三大支柱的监管体系，一般商业保险监管有效性衡量标准已相当成熟。但是农业保险监管理论相对薄弱，还没有适用于农业保险性质的农业保险监管理论体系和农业保险监管有效性衡量指标体系，也没有形成独具农业保险特色的农业保险监管体系。因此，基于经济学、管理学、法学等多学科理论，探讨农业保险监管有效性理论与农业保险监管有效性衡量体系，在此基础上构建农业保险监管体系，以提高农业保险监管有效性，具有重要的理论价值。

---

① 《农业保险条例（草案）》中将"农业保险"定位于"有国家补贴的商业保险"是基于目前各方面综合因素的考虑，是一种应急措施，相比于以往，这也是一种进步。但农业保险的"政策性"是由其准公共物品的本质属性所决定的，因此，从长远看，农业保险必然选择政策性保险。

**2. 农业保险监管具有重要的现实意义**

农业保险本质上是农业问题，是国家以保险为工具实施的一项支农政策（庹国柱，2012）。我国农业保险30余年发展的实践，尤其是2004年以来新一轮政策性农业保险试点推行的实践证明，农业保险监管对提高我国农业保险补贴效率、实现农业保险目标具有决定性意义。我国农业保险实践中出现的新问题，如地方政府的缺位与越位、保险公司的逐利与违规、投保农户的道德风险与逆选择等，直接影响到农业保险补贴效率与农业保险目标的实现，归根到底是由实践中农业保险监管缺位或者低效所致。因此，构建能够提高我国农业保险监管有效性的衡量指标体系，分析我国农业保险监管有效性现状，挖掘其中存在的问题及根源，提出构建我国农业保险监管体系的政策建议和实现保障，对推动农业保险可持续发展及发展现代农业具有重要的现实意义。

## 1.2　国内外研究动态与评价

农业保险监管研究无论是在国外还是在国内，相关研究虽然不多，研究内容相对集中，视角相对单一，还远远不能满足迅速发展的农业保险实践和理论指导的需要，但对农业保险监管的实践起到重要的推动作用，是本书的逻辑起点。以往研究内容主要关注以下几个方面。

### 1.2.1　国外研究动态

国外关于农业保险及监管的研究开始于20世纪30年代，发达国家已经形成以农业保险为基础的农业风险管理理论体系，实践操作也相当成熟。尤其是在整个政策性农业保险方面，已经形成一整套完整系统的理论体系，而关于农业保险监管的研究主要渗透于农业保险研究之中，以法律监管研究为核心，集中于农业保险较快发展的初期和完善期，探讨主要围绕农业保险监管的理论依据、法律制度、监管机构等。

**1. 关于农业保险监管的理论依据**

国外学者对农业保险及监管的理论研究起步较早，研究认为，由于农业保险的消费和生产具有双向正外部性，农户因保障太低、保费太高、更愿意自己承担风险、分散化经营等原因不愿意参加农业保险。因而，从农业保险的发展实践看，私人承担农业保险多重险的尝试几乎都归于失败，对于农业保险，历史上基本都是由政府来直接或间接经营（Wright and Hewitt，1990），政府通过补贴机制促使供需双方达成有效均衡，但因外部监管不力，导致资源配置没有实现效率最大化，出现新的市场失灵。美国学者通过实证研究发现，风险规避仅仅是农户参与联邦农业保险项目的次要因素，其主要因素是为得到政府补贴（Just et al.，1999），这就失去了农业保险应有之义，但农业保险监管是必要的（黄君英，2009）。从理论上看，保险监管甚至包括金融监管，都没有完整、系统、严格的理论体系（谢平，2004），即在新古典经济学体系或者一般均衡体系中都假设不需要监管，监管只存在于法学范畴（米什金，1998）。因此，一般认为，农业保险监管并无独立的理论体系，其理论基础源于一般公共规制理论（政府干预理论）（Rothschild and Stiglitz，1976），其体系包括公共利益论（Harold and Robert，2000）、捕获论（Peltzman，1976；Stigler，1971）和公共选择理论（Becker，1983）等一系列理论，构成目前农业保险监管的理论依据。随着这些理论在农业保险监管方面的应用，实践中的农业保险监管也和一般商业保险监管一样，在借鉴经济学、管理学、法学的监管理论基础上，重复着"正常监管—放松监管—加强监管—再放松监管—正常监管"的实践探索过程（Gart，1999）。

### 2. 关于农业保险监管的法律途径

国外研究证明，成熟市场经济国家的完整农业保险监管体系往往包括两个方面：内部监管体系和外部监管体系。内部监管体系主要是农业保险机构内部的稽核审查及风险管理、保险行业协会对农业保险机构及市场的自律管理等；外部监管体系主要是专门监管机构对农业保险机构与农业保险市场的规制。不同体系其执行机制也不一样，内部监管体系主要依赖于自我执行机制（克莱因，1999）得以实现，外部监管体系主要依赖于第三方执行机制（诺斯，1995）得以实现，无论哪一方面都离不开法律工具，尤其是外部监管是以法律为依据的，立法本身也是农业保险监管制度供给的主要途径和核心内容。所以，国外农业保险监管的理论研究与实践发展都非常青睐法律途径。一般认为，通过法律监管、完善法律制度、增加制度执行力是提高农业保险监管效率、促进农业保险发展的最有效途径。美国等国家在大力发展农业保险的基础上制定了较为完善的农业保险法，其中包含农业保险监管的相关条款，但目前对农业保险监管具体法律依据及其实践的研究并不多，其研究主要集中于阐述各国农业保险立法情况，以及对农业保险标准合同和农业再保险标准合同的监管和完善（主要是判例，包括州和联邦法院的判例）、农业保险合同权利救济的监管以及政府在农业保险中的作用和法定责任的监管等方面。理论上，美国农业法研究中心的 Scott Fancher 教授认为，美国联邦农业保险公司的标准农业再保险合同需要不断完善和加强监管，并且提出相关思路；美国农业管理局的 Collins 教授认为，农业保险是农业风险管理的重要形式，其中政府起着重要的作用，政府应对参保农民给予保费补贴，并且接受法律监督。实践中，农业保险发达国家一般都出台了专门的农业保险法律法规，如美国的《联邦农作物保险法》（1938）和《美国联邦农业进步与改革法》（1996）；加拿大的《农作物保险法》（1959）和《农作物保险条例》（1991）；日本的《牲畜保险法》（1929）、《农业保险法》（1939）、《农业灾害补偿法》（1947）；西班牙的《农业保险法》（1978）；韩国的《保险业法》和《农业灾害损失补偿法》（2001）；菲律宾的《农作物保险法》（1978）等。

由此可见，国外农业保险发达国家在理论研究与实践发展中都非常注重农业保险的法律监管。从法律角度来看，没有法律效力的农业保险监管不是真正意义上的监管（倪雄飞，2004），法律监管是国外农业保险监管的核心途径，也是国外农业保险监管成功的主要经验。

**3. 关于农业保险监管的机构设置**

国外学者研究认为，农业保险是准公共物品，应该采取政策性保险，不同于一般商业保险，农业保险监管也应该不同于一般商业保险监管。农业保险不同于一般商业保险的属性决定其监管对象、监管内容、监管目的、监管模式等也独具特色，这也决定了农业保险监管必须设置独立的农业保险监管机构。国外理论研究和实践证明，成功的农业保险监管一般有其相对独立地位的监管机构，如美国的农业风险管理局、日本的农林水产省经营局、加拿大农作物保险局等。不仅如此，监管机构的地位、职权、监管内容、监管手段、监管人员构成等都通过农业保险及监管法律予以明确规定，这不仅提高了农业保险监管的权威性，也提高了监管的有效性。

除此之外，国外农业保险监管的研究也涉及农业保险监管方式（如信息化监管）、农业保险监管对象、农业保险监管内容等。

## 1.2.2　国内研究动态

国内关于农业保险及监管的研究开始于 1935 年，以王世颖和黄公安为代表的学者作出最初的研究（黄英君，2009）。2004 年，随着农业保险试点推进和实践发展，国内关于农业保险监管的研究逐步增多，但是专题研究和系统研究不多，研究成果一般通过对整个农业保险制度的研究得以体现，附带于其他研究成果之中，其研究范围和内容涉及农业保险监管体系的方方面面，主要集中在农业保险监管法律供给、机构设置、监管对象、监管内容、监管方式、协调机制等方面。

**1. 关于农业保险监管的法律供给**

理论界一般认为农业保险监管必须依法进行，但现实法律供给滞后，2004年，我国在没有农业保险立法也没有任何农业保险行政规章的条件下，开始了新一轮农业保险的试验（庹国柱和朱俊生，2005）。尽管有《农业法》《保险法》《会计法》等，但关于农业保险及其监管的规定过于原则性，缺乏操作性（贺姝勋，2007），政策性农业保险监管无法可依。实践中，农业保险监管完全套用《保险法》中关于商业保险监管的规则，所以出台《政策性农业保险法》及其实施细则等相关法律和制度（张红梅和韩露露，2009），建立政策性农业保险基本法律十分必要（陈凤，2012）。2012年，国务院出台《农业保险条例》，我国农业保险才真正有了自己的法，但是仍须不断完善大灾风险分散制度、农业保险费率精算制度等，全方位加强对农业保险监管（庹国柱和朱俊生，2014），建立和完善科学的涉农保险监管法律制度（张新生，2014）。

**2. 关于农业保险监管机构设置**

基于不同视角，关于农业保险监管机构设置，理论界主要存在三种看法：其一是主张农业保险监管机构仍为保监会，由保监会负责对农业保险进行监管（冯文丽，2004；李军和 Francis Tuan，2004）；其二是主张农业保险监管应新设立专门农业保险监管机构，该机构以目前的保监会政策性农业保险监管部门和人员为基础，并联合农业部、财政部、国家发展和改革委员会等有关部委相关部门和人员（庹国柱和朱俊生，2005），由保监会和农业部共同组建、或由农业部单独组建（田野等，2005）、或由国务院直接组建，名称为农业风险管理局，统筹领导全国农业保险的开展，专司监管农业保险（何文强，2008），以适应农业保险的快速发展，并对农业风险管理局的性质、宗旨、资金来源、组织机构、职责范围、审计制度等内容作出构想（孟春，2006）；其三是主张农业保险监管机构仍为保监会，但是要扩展其职权（徐向勇，2011），并在保监会内部成立比较强大的政策性农业保险监管部门（庹国柱和朱俊生，2005）。另外，近期还有学者提出在农业部内建立相对高度独立、具有充分职权的涉农风险管理机构，协调政策性与商业性业务（张新生，2014）、在具体监管主体方面，公民参与农业保险监管，不仅是农业保险本质属性的必然要求，也有着充足的社会和宪法基础（何文强，2013）。

### 3. 关于农业保险监管对象

由于农业保险是政策性保险和国家政策工具，所以农业保险监管对象与商业保险监管对象不完全相同，农业保险监管对象既包括政策性农业保险经营组织（如保险公司、保险中介组织等），也包括投保农户和参与政府（丁巍和王俊凤，2010）。尤其是在我国农业保险市场上活跃着的几支非正规"部队"——"协会保险人"或"社团保险法人"，需要加强监管（庹国柱，2013a）。

### 4. 关于农业保险监管内容

农业保险监管的内容由农业保险的政策属性及监管目标决定，不同于一般商业保险监管，在《农业保险条例》颁布和实施后，农业保险监管的性质、主体、范围、内容和方式等都发生了重要变化，与商业性保险的监管存在很大区别（庹国柱，2013b）。在宏观上，监管机构的监管内容主要包括制定《农业保险法》、出台配套实施细则、建立具体执行制度（如农业保险经营许可制度、强制与自愿保险制度、封闭化运作制度等）、完善农业保险数据库、提供最优农业保险契约等；在微观上，具体包括机构监管、业务监管、财务监管、资金运用监管、偿付能力监管、风险监管等内容（刘京生，2000），重点是加强对农业保险机构内部信息管理、具体操作规范、制度政策执行方面的监管，尤其是对参与政府补贴到位情况的监管，也包括对投保农户的道德风险和逆选择的监管（周强，2011）。必须要在立法、监管、财政补贴管理、保险微观管理，以及农民自身增加保险知识等层面加大力度建立立体监管网络，才能促进我国政策性农业保险的健康和可持续发展（庹国柱，2012）。

### 5. 关于农业保险监管方式

一般认为，由于农业保险承保标的具有生命性、承保规模庞大、参保农户众多等特点，农业保险监管方式应该有别于商业保险监管方式。但目前农业保险监管方式存在许多不适应，主要表现在定损标准难以量化、对系统管控较为粗放、支付渠道较为复杂等，因此需要探索适合我国农业保险特点的监管方式（徐向勇，2011）。

### 6. 关于农业保险监管协调机制

作为政策性农业保险，财政、审计、监察、保险监管等部门均有权进行监管，因此农业保险监管总体呈现多头监管格局，但是目前各部门之间统一协调机制还未真正建立。这既不利于提升监管公正性，也不利于提高监管效率、降低监管成本，导致农业保险外部监管效能整体不高，因此必须构建关键部门牵头的多部门合作监管格局（徐向勇，2011）。《农业保险条例（草案）》（2012）规定，将由国务院牵头各政府部门形成农业保险协调机制，以指导和协调全国农业保险工作，但仅有协调机制还不够，还需要建立有决策权的协调管理机构，形成农业保险监管的实现机制（庹国柱，2012）。应该以"适合度准则"的理念完善我国农业保险监管领域的立法、执法与司法，提升农业保险产品设计、经营策略及保险诉求，以促进我国农业保险持续发展（谢小弓，2015）。

### 1.2.3 国内外研究简评

关于农业保险监管问题，国内外学者表现出高度关注，作出许多有益的探索，产生很多重要的研究成果，这些研究成果是本书的直接理论借鉴和主要参考。总体而言，主要有以下特点。

**1. 研究成果丰富，但仍滞后于实践发展需求**

自从有了农业保险的实践，就有了农业保险的理论研究，并产生一系列丰富的研究成果，以及许多知名的专家和学者，国外的如 Wright、Hewitt、Calvin、Quiggin、Collins、Knight、Coble 等；国内的如王世颖、黄公安、郭晓航、李军、刘京生、庹国柱、龙文军、黄英君、王国军、冯文丽、张跃华等，他们对推动各国农业保险的发展与创新，起到极其重要的作用。但相对于农业保险飞速发展的实践，农业保险理论研究仍然相对滞后，尤其是在农业保险监管方面，这在我国表现更为突出。我国农业保险实践起步晚，发展几经波折，关于农业保险方面的研究也动力不足。自 2004 年以来，伴随着新一轮农业保险试点的推广，农业保险的理论研究也如雨后春笋，促进了我国农业保险的发展。随着农业保险的深入发展，其运行中出现一些新问题，农业保险业面临新的挑战，农业保险监管的相对滞后日益凸显，影响农业保险的可持续发展，现实迫切需要加强农业保险监管理论研究，为提高农业保险监管的有效性、促进农业保险可持续发展提供科学的理论支撑。

**2. 研究内容广泛，但缺乏系统理论支撑**

农业保险监管是一个涉及经济学、管理学、法学等多学科理论的综合性问题，其发展需要一个系统的多学科理论体系支撑。以往关于农业保险监管的研究内容广泛，包括理论依据、法律保障、机构设置、监管对象、监管内容、监管主体、监管模式、体系建设、协调机制等，尤其是国外的研究相当成熟，已经形成较为完善的农业保险监管理论及内容体系。相对而言，国内研究多立足于某一学科理论，更关注对农业保险及监管现状的实证分析与梳理，对国外的成功做法也作出大量的研究和借鉴，形成了目前的监管框架，丰富了我国农业保险监管的内容体系。但目前还没有完全形成适合我国国情的农业保险监管理论体系，尤其是缺乏多学科融合的系统理论支撑。其中，表现在评价机制方面，缺乏农业保险监管有效性评价的理论体系和评价工具；表现在制度供给机制方面，缺乏完善的法律制度体系；表现在执行机制方面，还没有形成一个统一协调机制和独立的执行机构；表现在实现机制方面，尚没有一个从立法、执法到司法的实现保障。因此，从整个理论系统看，还没有形成一个由衡量评价体系到制度供给体系、由制度供给体系到制度执行体系、由制度执行体系到制度完善体系的有机生态系统。正因为缺乏这一由不同阶段组成的系统完整理论体系，实践中很难对我国农业保险监管绩效进行客观、全面、深入的分析，并有针对性地提出提高我国农业保险监管有效性的政策建议。

### 3. 研究视角多维，尚需立体拓展

作为一个涉及多学科的综合问题，以往研究视角也表现出多维度多视角的特点，如采用经济学供需理论视角、管理学博弈理论视角、法学法的运行理论视角、社会学制度变迁理论视角等，从不同侧面对农业保险监管作出精辟论述，为农业保险监管某一方面提供有益的理论指导。但这对农业保险监管的实践而言还存在不足，农业保险监管的研究必须跳出某单一学科理论和单一视角，采用法与经济学、经济学与管理学，以及信息经济学、制度经济学等跨学科或边缘学科理论视角，立足不同学科的契合点，拓展广阔的发展空间，寻找立体思维。

### 4. 研究方法多样，但缺乏跨学科工具的应用

农业保险监管是一个涉及多学科理论的综合性体系，在研究方法上必然体现出多学科特点。以往研究已形成以实证研究和理论研究为基础的多种分析方法，其中实证研究多进行现状分析，或者域外借鉴等，理论研究多注重理论梳理与模型构建等，但都是基于某一学科方法，对农业保险监管进行定性分析和逻辑分析，缺乏对跨学科研究方法及分析工具的应用，同时缺乏定量分析和实证数据，因此研究的广度、深度、高度不够，在科学性、有效性、权威性方面也必然大打折扣。

基于以上农业保险监管的理论研究和实践发展现状，迫切需要加强农业保险监管研究，尤其是目前农业保险试点范围不断扩大，补贴力度不断加强，参保面占比稳步提高，保费收入不断增加，农业保险宏观上已取得阶段性成果的情形下。在监管不足影响农业保险持续发展的背景下，迫切需要从跨学科视角、综合应用多学科理论与工具，构建适合我国国情的农业保险监管评价体系，并对当前的监管有效性进行系统评价，从中找出存在的问题，最后提出我国农业保险监管体系及实现机制的政策建议。

## 1.3 研究方法与数据来源

### 1.3.1 研究方法

#### 1. 规范分析与实证分析相结合

规范分析的方法（normative analysis）是为揭示事物的本质，先依据一定的价值判断提出评价事物的理论标准，然后应用该理论标准对事物进行是非曲直判断，并研究如何才能符合这些理论标准的分析方法，是一种通过价值判断得出结论的方法。实证分析方法（empirical analysis）又称为经验分析方法，是在一定假设前提下，通过调查、观察和描述等手段，借助一定的分析工具，对客观事实进行分析，并对现象作出预测，透过现象认识事物本质的分析方法，简言之，是一种依据事实得出结论的分析方法。实证分析方法主要是社会调查法。规范分析与实证分析都是社会科学研究的重要方法。

本书首先基于农业保险监管基础理论，提出农业保险监管有效性衡量指标及衡量工具，再应用此指标体系对我国农业保险监管的现状进行评价和分析，最后对提高我国农业保险监管有效性提出政策性建议，这一过程应用规范分析方法。本书为探讨我国农业保险监管有效性，在设定问卷的前提下，采用固定观察点调查并结合湖北、湖南、江西、安徽等省农业保险试点实地调查，依托笔者所在单位设在长江中游地区的"两江流域"研究基地的固定观察点进行农户问卷调查与访谈，并利用全国的农户跟踪调查资料，对于特别案例分析采用实时的田野调查（如针对作物保险理赔纠纷比较大的事件，需要实时访问农户、责任定损员、农业技术人员和地方政府官员，并对案件全过程进行观察研究，最后运用 SPSS 软件统计分析调查资料），这些方面应用实证分析方法。而在对我国农业保险监管有效性评价、存在的主要障碍、国外农业保险监管有效性借鉴等方面，则采用实证分析与规范分析有机结合的方法，提高相关研究的有效性和科学性。

**2. 成本收益分析与博弈分析相结合**

农业保险监管既涉及经济学理论及法学理论，也涉及管理学等理论，而且农业保险监管无论是制度供给还是制度执行，都是需要投入成本的，农业保险监管有效性的核心因素就是其投入成本能否产生大于成本的收益，因此，本书拟应用法与经济学的成本收益分析方法（cost-benefit analysis），分析农业保险监管的有效性。另外，农业保险监管有效性分析必然涉及监管机构与农业保险三大参与主体的利益博弈，以选择最优行为，因此本书引入博弈分析方法（game playing analysis），通过构建投保农户、保险公司、政府的监管博弈模型，分析农业保险监管与各参与主体的利益关系。

**3. 比较分析与历史归纳相结合**

比较分析方法（comparative analysis）就是对具有可比性的不同对象进行横向逻辑的、实质的对比分析，总结规律、探讨异同，汲取合理因子，以供借鉴的方法。历史归纳法（historical induction analysis）是对研究对象进行纵向的历史回顾与总结的分析方法。本书基于文献分析对国外（发达国家和发展中国家）和国内农业保险监管进行比较，并且对国内外农业保险监管研究的历史进行回顾与梳理，从中汲取有益于我国农业保险监管的合理因子，提高我国农业保险监管有效性。

## 1.3.2 数据来源

本书采用的数据主要来源于三个方面，其一是国家统计局、农业部、财政部、监察部、各行业协会等机构发布的相关宏观数据，包括各年度综合或者专项的统计年鉴、统计表等数据；其二是实地调查的微观数据，包括湖北、湖南、江西、安徽等省农业保险试点地区的问卷调查和全国农户跟踪调查数据；其三是网络、期刊、学术文献等的数据，主要包括通过学校图书馆、中国期刊网络出版总库、中国期刊全文数据库、中国博士学位论文全文数据库、中国优秀硕士学位论文全文数据库、中国重要报纸全文数据库、中国重要会议论文全文数据库、国际会议论文全文数据库、中国引文数据库等。

# 1.4 研究内容和技术路线

## 1.4.1 研究内容

本书共分 10 章，具体内容如下：

第 1 章为导论。本部分主要是阐述农业保险监管的研究背景、研究意义、国内外研究动态与评述、研究方法与数据来源、研究内容和技术路线、总结主要创新与不足等基本问题。

第 2 章为农业保险监管的理论基础。本部分通过文献研究的方法，在阐述农业保险的基本理论和农业保险监管的基本理论的基础上，提出农业保险监管的理论渊源，即农业保险监管不同于一般商业保险监管，一般规制理论是其合理性理论依据，制度分析理论是其可能性理论依据，有效监管理论是其现实性理论依据，从而奠定了本书的理论基础。

第 3 章为农业保险监管有效性的衡量体系。本部分基于农业保险监管理论，提出农业保险监管不仅包括效益需求，还包括效率需求，是效益与效率的统一，这是由其监管目标具有的政策性决定的。基于该结论，通过对农业保险监管有效性的一般目标与特殊目标分析，提出我国农业保险监管的衡量指标不仅包括效益衡量指标，也包括效率衡量指标，并且提出衡量原则与衡量工具，从而形成一个相对系统完整的农业保险监管有效性逻辑评价框架。本部分是全书的逻辑评价框架，也是衡量我国农业保险监管有效性和构建我国农业保险监管体系的理论依据。

第 4 章与第 5 章为我国农业保险监管有效性衡量。本书基于农业保险监管基本理论与衡量体系，对我国农业保险监管有效性进行系统衡量。本部分应用制度分析、成本收益分析、理论模型分析、实证调查分析等方法，从宏观到微观、理论到现实、制度供给到制度执行、静态到动态、效益到效率等多维度多视角对我国农业保险监管进行立体评价。研究认为，宏观方面，我国农业保险监管基本实现了其效益需求、稳定农业保险市场、推动"三农"经济发展，为经济社会作出巨大贡献；但农业保险监管制度供给不足、成本较高、效益较低；微观方面，我国农业保险监管取得一定实效，规范各参与主体行为，提高农业保险运行效率，但整体效率不高，投保农户对农业保险监管绩效评价较低，尚未形成监管者与被监管者最优利益分配机制，没有实现监管利益最大化。本部分是全书研究的重点，起到承上启下的作用，既是农业保险监管有效性衡量的结果，也是构建我国农业保险监管体系的现实依据。

第6章为我国农业保险监管有效性的障碍分析。本部分基于我国农业保险监管有效性衡量，分析其发展障碍，主要包括理念障碍、制度障碍和执行障碍三个方面。

第7章为农业保险监管的域外考量。鉴于国外先进发达的农业保险及监管案例，对不同类型国家的农业保险监管进行域外考量。本部分应用比较研究方法，通过对美国、日本等发达国家农业保险监管分析，以及韩国、菲律宾等发展中国家农业保险监管分析，凝练出监管理念、监管制度、监管执行等方面可供借鉴的合理因子。

第8章为我国农业保险监管体系的构建。基于以上研究结论，尝试提出我国农业保险监管体系的基本构架。本部分应用综合研究与规范研究方法，主要从监管目标、监管原则、监管理念三个方面提出构建我国农业保险监管体系的总体指导思想，从宏观和微观两个视角提出构建我国农业保险监管体系的具体措施。本部分是全书的落脚点。

第9章为我国农业保险监管的运行保障。本部分基于制度运行和法与经济学理论，从制度供给、制度执行和执行监督三个维度及其对应的立法、执法和司法三个层面，提出我国农业保险监管体系的实现保障。本部分是全书的关键点。

第10章为研究结论与展望。

本书基于法与经济学视角，应用规制经济学、制度经济学、信息经济学、法经济学、法理学等相关理论与分析方法，依据农业保险监管理论和国外农业保险监管经验，根据我国的实际构建了一套农业保险监管有效性衡量指标，对提高农业保险监管有效性、丰富农业保险监管理论，具有重要的理论价值。同时，在此理论指导下，对我国农业保险监管有效性进行初步评价，分析其中存在的问题及根源，探讨提高农业保险监管有效性的政策建议和运行保障，对推动农业保险可持续发展、发展现代农业具有重要的现实意义。

## 1.4.2 技术路线

本书相关研究采用如图1-1所示的技术路线图。

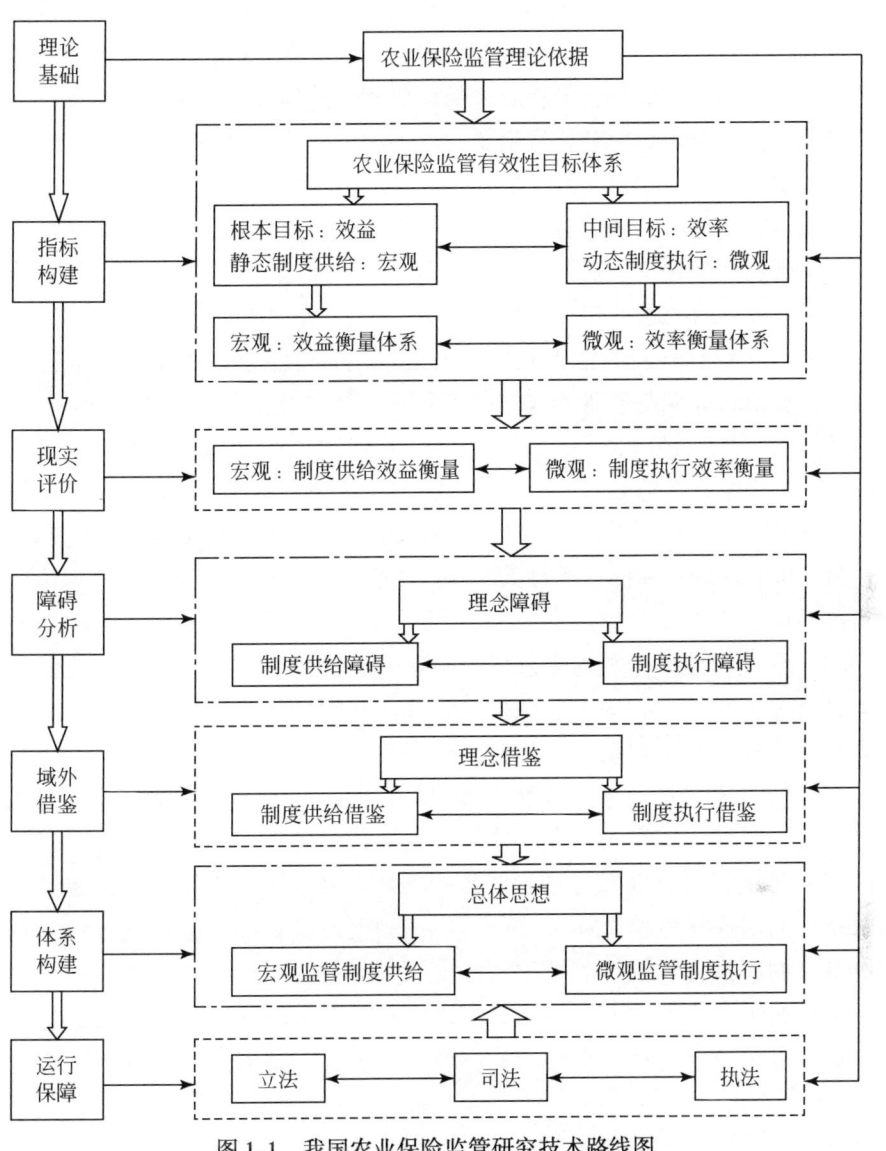

图 1-1　我国农业保险监管研究技术路线图

# 1.5　创新与不足

## 1.5.1　研究的创新之处

与农业保险及其监管的同类专著和相关研究相比，本书对农业保险监管研究的创新之处包括以下几点。

（1）尝试应用一种法与经济学相结合研究农业保险监管的方法。保险监管涉及管理学、经济学、法学等多学科理论，以往在一般商业保险监管研究方面有大量跨学科研究成果，但在农业保险监管研究领域主要偏向于法学视角的范式研究，注重逻辑分析和比较借鉴。本书尝试从法与经济学视角，综合应用规制经济学、制度经济学、信息经济学、法经济学、法理学等相关理论与方法，如成本收益分析、博弈分析等，对我国农业保险监管进行较为系统的理论分析与客观的实证评价，提高分析的全面性、有效性、科学性、权威性、准确性，丰富农业保险监管研究的视角与内容。

（2）尝试设计一套农业保险监管有效性衡量指标。本书基于农业保险监管理论，提出农业保险监管不同于一般商业保险监管，应该有独立的评价机制与监管体系，是效益与效率的统一、宏观与微观的统一、动态监管与静态监管的统一，依法监管与适度监管的统一，并基于有效保险监管理论分析框架和对我国农业保险监管目标的全面分析，尝试设计了一套农业保险监管的衡量体系，为评价我国农业保险监管绩效、进行有针对性的政策调整提供了理论依据和实现工具。

（3）尝试构建一个相对系统的农业保险监管体系。本书根据农业保险监管衡量指标，初步对我国农业保险监管从宏观到微观、理论到现实、制度供给到制度执行、静态到动态、效益到效率等进行相对全面系统的评价，基于此，尝试构建我国农业保险监管体系的基本框架，为解决我国目前农业保险监管面临的困境、提高农业保险监管有效性，提供操作体系和理论依据。

（4）尝试提出农业保险监管体系的实现机制。本书不仅尝试构建了一个相对系统的农业保险监管体系，而且应用制度运行和法与经济学理论，从制度供给、制度执行和执行监督三个维度及其对应的立法、执法和司法三个层面，提出我国农业保险监管体系的实现保障，对实现农业保险监管目标、促进农业保险可持续发展、推动现代农业建设具有一定的理论与现实意义。

## 1.5.2 研究的不足之处

由于受作者研究能力、研究视角，以及研究方法、学科特点、数据收集所限，本书还存在以下不足之处。

（1）农业保险监管有效性的衡量体系尚需在实践中检验和不断完善。本书提出农业保险监管有效性的衡量体系，并据此对我国农业保险监管有效性进行初步的系统评价，但该衡量体系作为理论创新成果，其科学性还需不断地在农业保险监管实践中检验，并根据实践需要不断地进行完善和发展。

（2）由于我国农业保险及其监管实践时间不长，相关数据不足、资料缺乏，同时受研究时间、所选视角及笔者研究能力限制，本书研究结论不一定能够反映农业保险监管的所有问题，还存在不足之处，需要在后续研究中不断完善。

# 第2章
# 农业保险监管的理论基础

农业保险监管作为一种保险监管，与一般商业保险监管存在一定的区别，这是由农业保险的性质和任务决定的，农业保险的政策性决定农业保险及其监管具有自己的理论体系。相关学者和专家对农业保险作出大量的研究，基于对农业保险及农业保险监管方面已有研究成果的梳理、整合和重构，形成农业保险监管研究的重要理论基础，这些理论基础包括农业保险的基本理论、农业保险监管的基本理论，最后凝结成农业保险监管的理论依据。本部分内容拟从理论上探讨农业保险和农业保险监管，寻求农业保险监管的理论渊源，以探讨农业保险监管的基本理论支撑。

## 2.1　农业保险的基本理论

基于丰富的农业保险实践经验和大量农业保险研究专家的理论成果，目前对农业保险的性质、特征、地位、作用等方面的提法虽然仍存在不少的争议，但从总体上和主流观念上基本形成一致看法，这些看法构成目前指导农业保险实践的基本理论。

### 2.1.1　农业保险的性质

农业保险是一个涉及多学科理论的概念，它不仅是一个经济学、管理学范畴，也是一个法学范畴。从经济学范畴讲，农业保险作为一种保险机制，其本质上是一种风险转移手段，是投保人（农户或者农业生产者）通过支付一定的（相对于风险损失而言往往是较小的）保险费以转移其农业生产风险给保险人的制度安排（庹国柱和李军，2005），它是现代农业风险管理的重要方式。作为一种制度安排，从法学范畴看，农业保险是一种损害补偿机制，它是指农业生产者及其成员为避免农业风险带来的损失、满足其自身损害补偿需要，在国家惠农政策支持下，通过与保险机构订立保险合同而组成的双务共同体（何文强，2008）。所以，农业保险具有跨学科性特点，需要多学科融合和跨科学视角分析其性质。

根据经营目标、发展动力、盈利能力、外部性及强制程度不同，学术界将农业保险划分为政策性保险和商业保险（庹国柱，2008）。一般认为，对农业保险性质的确定是研究农业保险和研究农业保险监管中的基础性问题，同时，也是一个根本性问题和关键性问题，农业保险的性质决定农业保险监管体系。但是无论在理论界还是在实践中，一直存在"政策性保险"与"商业保险"的争论。

学术界关于农业保险的性质几乎一边倒地倾向于政策性农业保险。国外学者 Wright 和 Hewitt（1990）通过实证分析认为，从农业保险的发展实践看，在农业保险中推行私人商业保险模式的尝试几乎都归于失败，对于农业保险，历史上基本都是由政府来直接或间接经营。我国学者从不同视角对农业保险性质也作出大量的分析和研究，其一是信息不对称下农业保险参与主体的逆向选择和道德风险的角度（冯文丽和林保清，2003），其二是农业保险产品的商品性和非商品性的二重性角度（刘京生，2000），其三是农业保险参与主体的互动博弈角度（龙文军和张显峰，2003）。但无论哪个视角，最后主要结论和核心观点基本一致，一般认为农业保险不同于一般商业保险，具有特殊性、公益性和一定的排他性，其社会效益高于经济效益，是介于私人物品和公共物品之间的一种物品，属准公共物品（刘京生，2000），其消费和生产具有双重正外部性。因此，农业保险具有政策性属性（冯文丽，2004），市场机制不能有效地提供公共物品和准公共物品，我国农业保险应该属准公共物品。因此，我国农业保险不可能走商业化道路，需要政府参与，国家应采取财政、金融、税收等手段补贴农业保险（刘京生，2000），必须把农业保险作为农业保护政策的一种实施手段，建立政策性农业保险制度。

实践中，关于农业保险的称谓则存在许多分歧，但这些分歧并没有影响国家政策对农业保险的支持，如果没有国家政策支持和税费优惠，农业保险根本无法开展。在当前很多国家一般将农业保险称为"政府支持下的农业保险"，以将农业保险与一般商业保险区别开来，并不存在"政策性农业保险"的提法，而"政府支持"仍然体现出其鲜明的政策性特点。例如，美国在 1938 年《联邦农作物保险法》出台前，农业保险由私人保险公司按照一般商业保险经营，最终因根本无法承担农作物保险的巨大风险而归于失败，私人保险公司退出农业保险领域。《联邦农作物保险法》颁布后，联邦政府给予农业保险较多的保费补贴及其他各种优惠政策，才促进了美国农业保险的持续发展。日本、加拿大、法国、西班牙、印度、韩国、新加坡等国家，虽然农业保险推行的模式不同，但都离不开政策优惠和政府支持。我国《农业法》第46条明确规定，国家逐步建立和完善政策性农业保险制度。2012年10月24日通过的《农业保险条例（草案）》规定，将农业保险定位为"有国家补贴的商业保险"，这虽与《农业法》规定相矛盾，但在国家补贴和政策优惠等几个关键方面是一致的。2004年以来农业保险试点的实践表明，我国农业保险应该走政策性保险道路，或者需要政策大力支持，这是必需的，也是可行的。

其实商业保险与政策性保险只是一种学术分类，或者说是不同性质保险的外在表现形式，但是农业产业的弱质性特点及其在整个国民经济中的基础性地位，需要国家从金融、财政、税收等方面，通过政策、法律予以支持、鼓励、保护，农业保险就是其中一种重要的方式，如果实行纯商业模式，农业保险无法生存，也无法起到对农业的支持和保护作用。因此，自2004年以来，我国农业保险一直定位为政策性农业保险，《农业保险条例（草案）》虽将农业保险定位为"有国家补贴的商业保险"，这与2004年以来"政策性农业保险"的定位似乎区别较大。目前，农业保险不具有国家兜底和强制性特点，实行"政府引导、政策支持、市场运作、自主自愿和协同推进"的原则，但其本质上仍带有较强的政策性特点，所以两者并不矛盾，农业保险仍然区别于一般商业保险。

理论研究和实践证明，从根本上看，我国农业保险属于准公共物品，具有政策性，无法实行纯粹的商业保险（黎已铭，2006），这从根本上决定农业保险监管不仅具有必要和可能性，而且具有特殊性和迫切性。

## 2.1.2 农业保险的主体

农业保险的参与主体决定农业保险监管的对象，因此，农业保险参与主体的确定也是农业保险监管的基本理论和核心问题。政策性农业保险与商业性农业保险也具有重要区别，一般认为，主要表现为制度目标、发展动力、参与主体、盈利能力、外部性等不同，特别是农业保险的主体，在政策性农业保险制度中通常有三个参与主体，而不是像一般性商业保险那样只有两个参与主体（庹国柱，2013）。农业保险的性质决定农业保险参与主体，基于农业保险的政策属性，从范围上看，农业保险至少涉及三种主要的契约关系，即农业保险公司与投保农户之间的契约关系、政府与农业保险公司之间的契约关系、农户和政府之间的契约关系，其中，核心是农业保险公司与投保农户之间的契约关系（即狭义农业保险契约），而政府与农业保险公司、农户和政府之间的事实契约关系，往往因在其运行中不是显性的而被忽略，但事实上这两个契约关系是所有农业保险契约关系的前提和基础。因此，农业保险参与主体除保险公司、投保农户外，承担农业保险保费补贴的各级政府（包括中央政府和地方政府）是不可或缺的，这是由农业保险的政策性属性决定的。

不仅如此，保险公司、投保农户、政府三大参与主体在农业保险中的地位与权责也是由农业保险的政策性属性决定的，其中政府参与的目的是为实现国家对农业的持续支持和对农业风险的宏观管理；保险公司的参与目的是为实现具体风险管理和经济社会效益；农户的参与目的是为转移农业风险和稳定农业收入。受农业保险消费和生产双重正外部性影响，农业保险出现需求不足、供给不足的市场失灵问题，政府介入就成为必然。基于保险公司与农户主体利益博弈，农户受农业保险产品价格和传统抵御风险习惯等影响，不愿意购买农业保险产品规避农业风险[①]；保险公司受利润因素和农业巨灾风险等影响，不愿意开展农业保险业务，其博弈结论是不开展农业保险是最优博弈选择，农业保险市场出现市场失灵，政府必须介入；但政府受财政困难和寻租天性等影响，也会进行利益选择，其博弈结论为政府也不愿意补贴农业保险，农业保险市场出现政府失灵。这种双重失灵必然最终影响各主体自身利益：农户因无法转移风险而直接受经济损失；政府将投入更多财政支出进行农业救灾，从而影响整个国民经济的发展；保险公司虽然暂时规避了农业风险，但却丧失更多机会和经济社会效益；农业脆弱的基础地位将会影响工业及第三产业的持续发展。由于市场机制不能有效地提供公共物品和准公共物品，三方主体再次博弈，其结论是：国家必须补贴农业保险，通过政策工具，支持农业保险业务；保险公司由于获得政府政策支持，愿意承担农业保险业务；农户也愿意在政策补贴下以自己承受的较小成本投入农业保险以转移农业风险。当然，这种博弈还会继续，三者通过多次博弈最终达到贝叶斯–纳什均衡，从而把意愿变成现实，农业保险在动态中顺利进行（邓义，2012）。

## 2.1.3　农业保险的作用

农业是国民经济的基础，也是一个天生弱质性产业，深受自然风险、市场

---

[①]　一般说来，根据风险的成因可以把农业风险划分为自然风险、市场风险、技术风险和社会风险等，本书中的农业风险主要是指农业自然风险。

风险、技术风险和社会风险等多重风险影响。我国是受自然灾害威胁较重的国家，在由传统农业向现代农业过渡的阶段，农业基础条件不好，各种农业风险较大，因此农业保险对我国具有尤其重要的作用。它不仅能够分散和转移农业风险，起到保险机制的一般作用，更具有增加农民收入、发展农村经济、促进新农村建设、实现整个社会和谐等特殊作用。

**1. 有利于分散农业风险提高农业生产经营管理水平**

保险是"将风险在投保人之间进行分散，通过对经济损失的平均分配来满足人们转嫁风险的需求，进而实现补偿经济损失的作用"（亚当·斯密，1997）。无论是什么性质的保险，其本质作用都是分散和转移风险，减少风险损失，是一种风险管理工具，农业保险也是如此。因此，农业保险的本质作用就是分散和转移农业风险，提高农业生产经营和管理水平。

现代农业是世界农业发展的必然趋势，也是我国农业发展的必然选择。我国在由传统农业向现代农业发展的进程中，各种农业风险尤其是自然风险是其发展的主要障碍，加上当前我国农业基础脆弱、农业风险管理能力不强、农户抵御农业风险水平有限，农业面临巨大的生产风险。农业保险作为一种风险转移手段和损害补偿机制，是农业风险管理的工具、现代农业发展的重要特征，也是国家农业保护的重要政策工具和WTO规则允许及鼓励的产业支持措施。我国农业保险一直遵循"防赔结合"的风险管理原则和"防灾、减灾、救灾，以防灾为主"的思想，通过联合农业管理、疫情防控、农技推广等相关部门，采取一系列现代风险管理措施，分散农业风险，减少和弥补农业风险损失。因此，我国农业保险经营的这种原则和思想，不仅有利于减少保险机构赔款，提高企业经济效益，而且有利于农业产业风险的有效分散和转移，降低农业风险，减少社会财富损失，提高整个社会效益。以2014年为例，我国农业保险为农业提供风险保障金1.66万亿元，参保农户2.47亿户次，向3500万户投保农户支付赔款214.6亿元。不仅如此，以农业保险方式实现间接财政补贴支持农业发展也是WTO规则允许和鼓励的，我国作为WTO成员国，可以充分利用该政策，在合乎国际规则的条件下，转移农业自然风险，保障农业风险投资安全，实现农业资源优化配置，推动农业科技进步，提高农业风险管理水平，增强农业国际竞争力，为我国农业产业结构调整和农业产业现代化发展提供现代制度保障（黎已铭，2006）。

**2. 有利于增加农民收入提升农民经济政治地位**

"三农"问题的核心是农业增产、农民增收，农民的收入决定其政治、经济、金融、文化地位。但是农业是弱质产业，农民是弱势群体，农业生产面临诸多不确定因素，尤其是自然风险因素，导致农民收入极不稳定，一旦遭受重大自然灾害，农民将收入锐减，甚至血本无归、颗粒无收，日常生活将面临问题。正是农民收入的不确定性和低水平性，导致农业缺少正规金融支持。因此，从增加农民收入的视角看，应引入农业保险，规避自然灾害对农业的负面影响，可以提高农业产出，减少风险损失，增加农民收入，巩固我国农业的基础地位。

实践证明，农业保险在政策补贴等支持下，以农户缴纳少量的保险费为代价，可以将农户自身无力承担的农业自然风险损失转移给保险人，分散农业生产风险，改变传统农业"靠天收"的历史，实现农业生产资料的合理高效配置，提高农民的收入水平。农民收入水平的提高，一定程度上改变农民生产生活条件、减小城乡收入差距、巩固农业的基础地位，提高农民经济地位。农业保险作为现代农业风险管理制度，在稳定和增加农民收入的同时，也提高了农民的金融地位，使得农民可以获得小额贷款等正规金融支持，打破农业生产中的资金瓶颈，实现农业可持续发展，有效提升农民的经济社会地位（才英，2011）。

### 3. 有利于发展农村经济促进新农村建设

社会主义新农村建设是 2005 年 10 月党的十六届五中全会提出的重大历史任务，对于社会主义新农村建设，中央明确提出坚持"多予、少取、放活"的基本思路与方针，通过一段时间的努力，逐步把我国农村建设成为"生产发展、生活宽裕、乡风文明、村容整洁、管理民主"的新农村。其中，"多予"是多给予农村政策支持，"生产发展"是社会主义新农村建设的物质基础①。农业保险是一项惠农政策，其开展不仅有效地分散和转移了农业风险，尤其是巨灾风险，实现农业增产、农民增收目的，提升农民经济社会地位，而且也直接繁荣农村经济、提高农村经济的地位。为推进农业保险，国家给予农业保险巨大的政策优惠，包括保费补贴、财政支持、税收优惠等。随着国家农业保险试点范围不断扩大、险种不断增加，农业保险已经覆盖我国农村大部分地区和大部分产品，如种植业、养殖业、畜牧业等，减轻了农业风险对农村经济的威胁，提高了农村经济发展的稳定性、持续性，改善了农村生产生活条件，推动了社会主义新农村建设。

---

① http://news.xinhuanet.com/ziliao/2006-02/07/content_4146460.htm.

**4. 有利于夯实整个国民经济基础促进社会更加和谐**

农业是国民经济的基础，在我国传统农业向现代农业转移过程中，"三农"问题是最大的问题。农业保险可分散农业风险，提高现代农业风险管理水平；增加农民收入，提升农民经济政治地位；发展农村经济，促进新农村建设，是解决"三农"问题的一个重要突破口。而"三农"问题的根本解决必将不断巩固农业基础地位，进而稳定农产品价格和农业生产资料供给，促进农村经济乃至整个国民经济持续、稳定、健康发展。因此，农业保险作为现代农业风险管理的重要工具，它不仅可以直接起到分散农业风险、减少风险损失的重要作用，而且可以增加农业产出、提高农民收入、繁荣农村经济，进而巩固农业的基础地位，建设社会主义新农村，促进社会更加和谐。

## 2.2　农业保险监管的基本理论

随着农业保险实践的发展，农业保险监管成为专家和学者关注的焦点之一，基于大量农业保险监管研究的理论成果，形成目前指导农业保险监管的基本理论。

### 2.2.1　农业保险监管的概念

"监管"源于英文"regulation"，国内一般理解为"规制"，也常常表述为"supervision"，它普遍存在于经济社会生活中，各国学者们对其表述不尽相同，至今没有一个公认定义，但一般认为监管是指由立法机构（广义，泛指有权制定法律、规则等制度体系的所有机构）通过制定监管制度体系，并且由监管机构依据监管制度体系直接或间接干预市场活动的行为或过程。由此可见，监管必须具备两个要素，即监管制度（规则）的供给和监管制度（规则）的执行。

保险监管则是指一国立法机构通过制定保险监管制度体系，并且由保险监管机构依据监管制度体系直接或间接干预保险市场活动的行为或过程。保险监管这一概念也包括两层含义，其一是保险监管制度供给，包括宏观制度供给与微观制度供给，即国家对整个保险产业及调控体系的把握，其内容既包括国家相关基本法律供给，也包括除基本法律之外的法规、制度、政策、规章、规则及具体操作规程等一系列保险监管制度体系的总称。保险监管从实质上看就是一种制度安排，这种制度安排往往是通过以立法（广义）为主的形式实现。

其二是保险监管制度执行，即保险监管机构依据监管制度体系，制定具体执行细则，并对保险市场配置机制和保险参与主体活动进行干预，以实现保险监管目的。

根据监管和保险监管理论，农业保险监管也属于保险监管，是指一国农业保险监管机构依据该国农业保险监管制度体系，对农业保险市场配置机制和农业保险参与主体决策与活动进行直接或间接干预的行为与过程。这一概念也包括两方面的含义，其一是农业保险监管制度的供给，即国家及其制度供给机构（主要是立法机构）根据农业保险发展需要，制定的农业保险监管法律制度体系，主要包括《保险法》《农业法》《农业保险法》《合同法》《农业保险监督管理办法》《农业保险操作细则》等一系列法律、法规、条例和政策体系。其二是农业保险监管制度的执行，即农业保险监管机构依据国家农业保险监管法律制度体系，制定具体执行细则，并对农业保险市场配置机制和农业保险参与主体进行具体监管，包括对政府、投保农户、农业保险机构（保险公司、保险中介机构、再保险机构等）及其行为实施监管。

## 2.2.2 农业保险监管的特点

保险监管的目标确定、机构设置、对象内容等最终都是由保险性质本身决定的。由于农业保险属于准公共产品，市场机制不能有效配置公共产品和准公共产品，因此农业保险只能够采用由政府支持的政策性保险（即使名称上不为政策性保险，也与一般商业保险有本质区别，带有鲜明的政策性），这就决定农业保险监管与商业保险监管有很大的区别，表现出自身的特点。

### 1. 农业保险监管目标的政策性

保险监管目标按照监管性质和监管任务可分为一般目标和具体目标，其中一般目标由保险监管的本质决定，即为实现保险功能而设定的、所有保险在各个阶段不同地区都通用的目标，主要是维护保险市场有序运行和保护投保人（被保险人）合法权益（孟昭亿，2002），是宏观制度性要求，也称根本目标。而具体目标则是根据保险的不同性质、不同发展阶段、不同国家和地区，针对保险监管执行过程不同阶段所设定的特殊监管目标，是微观制度及执行性要求，也称中间性目标。

农业保险具有政策属性，从承办主体的经营目标看，农业保险和一般商业性保险的一个重要区别在于，农业保险是非营利性或者是微营利性的，至少不以营利为目的，而一般商业保险是以追求营利为目标的。因此，农业保险监管与一般商业保险监管在监管目标、理念、任务等方面存在根本的不同。农业保险监管目标除具有保险监管的一般性目标之外，还应具有其特定具体目标，一般性目标以宏观制度供给为核心，体现效益价值，特定具体目标以微观制度及执行为核心，体现效率价值，但无论是农业保险监管一般性目标还是具体目标，都打上了深刻的政策性烙印。对于商业性保险，监管部门的监管目标主要是力求兼顾保险人与投保人及被保险人之间利益的动态平衡，即保险机构的逐利与投保人及被保险人的利益保障；对于农业保险，监管部门的监管目标主要是促进农业保险政策性目标的实现（庹国柱和朱俊生，2005）。因此，农业保险监管目标具有政策性特点。

### 2. 农业保险监管机构设置的专门性

农业保险的准公共物品性质和政策性质决定其监管目标具有特殊性，是以促进农业保险政策工具作用的实现为己任。保险监管机构是保险监管目标任务的执行机构，农业保险监管目标的特殊性决定农业保险监管机构设置也必然具有专门性，不同于一般商业保险监管机构，如果农业保险监管机构与一般商业保险监管机构为同一主体，其监管职能必然无法满足政策性农业保险监管的需要，从而导致农业保险监管目标难以达到。

一般而言，从国外农业保险监管情况看，大部分国家尤其是农业保险发达国家的通行做法是设置专门的农业保险监管机构，以适应农业保险监管目标的政策性和监管的特殊性。比较典型的有美国、加拿大、日本等国家，其中美国设置的农作物保险专门监管机构为隶属于美国农业部的农业风险管理局，而其商业保险监管机构则是美国保险监督官协会及各州的保险监督机构（李军和段志煌，2004）；加拿大联邦政府为加强对本国农业保险的监管，设置农作物保险局，隶属农业部，由农业部长直接领导，同时，在各省设立农作物保险局作为其分支机构；日本农业保险监管分两个层次，中央政府监管通过设置专门的农林水产省经营局来进行，地方监管由都（道府县）负责，重点对基层组合和联合会实施必要的监管，而其商业保险监管部门是由政府设立的金融监督厅。我国农业保险监管机构是保监会，与商业保险监管机构为同一机构。保监会在其内部财产保险监管部下设"农业保险监管处"，专司农业保险监管；同时，财政部、农业部、监察部等也具有相应的监管权，从而形成"一主多头"的监管格局。这种农业保险监管机构设置节约了监管成本，在我国农业保险发展初期，尤其是试点推广中起到了积极的作用。但是随着我国农业保险政策的深入发展，这种监管机构设置方面的弊端初显，影响农业保险及其监管的可持续发展。《农业保险条例（草案）》

（2012）虽然提出由国务院牵头建立各政府部门参与的农业保险协调机制，以提高目前农业保险监管的有效性，但仍然没有明确建立一个独立专门的监管机构，缺乏长效的实现机制，因此，从长远看，农业保险监管机构设置最终必须走向专门化。

### 3. 农业保险监管对象的特殊性

保险监管对象一般是保险行为参与者，主要包括保险人和被保险人。保险机制是一张庞大的契约关系网，由于保险人对风险信息资源的垄断地位和专业机构优势，决定了它在保险机制中的中枢地位，并且必然是保险商品的供应者、保险契约的制定者和保险市场的主宰者。由于商业保险监管的核心目的在于防范保险市场风险、保护消费者合法权益、促进保险业稳健发展，因此商业保险监管对象主要为保险机构，包括保险公司、再保险公司和保险中介机构。但是农业保险具有政策性，由于其准公共产品属性和高风险性决定其参与主体不仅包括保险机构和投保农户，也包括参与补贴和扶持的各级政府。这决定其监管目标不仅是防范农业保险市场风险、维护投保农户合法权益，更是确保农业保险作为政策性工具作用的实现。农业保险的复杂性导致农业保险运行中更容易出现逆向选择和道德风险等信息不对称问题，同时参与政府也可能存在权力寻租和违规操作。因此，与商业保险监管相比，农业保险监管对象具有特殊性和复杂性，即农业保险监管对象不仅包括保险机构（包括参与农业保险的保险公司、再保险公司、中介机构等），也包括投保农户，还包括政府。另外，实践中还有经营农业保险业务的非营利性"社团组织"和合作保险组织，如中国渔业互保协会、农机安全协会、农业风险互助协会等，也应该属于农业保险监管的对象（庹国柱，2013）。

### 4. 农业保险监管内容的广泛性

从目前国内外保险理论与实践看，商业保险监管已经形成以偿付能力监管、公司治理和市场行为监管为支柱的保险监管内容体系，其中核心是偿付能力监管，具体包括保险市场准入与市场退出监管、股权变更监管、公司治理与内部控制监管、资产与负债监管、资本充足性监管、保险交易行为监管等，同时还包括对保险中介人及其行为的监管和对再保险公司及其业务经营的监管等（徐卫东，2004）。由此可以看出，一般商业保险监管内容范围是由其监管目标和监管对象决定的，始终围绕保险市场发展目标和保险机构监管对象而展开。而通过前文分析可知，农业保险是具有政策性的保险，它以实现农业保险政策性工具作用为核心目标，以保险机构、投保农户和参与政府为监管对象，因此其监管内容范围必然与一般商业保险大相径庭。基于农业保险监管目标的政策性、监管机构的专门性、监管对象的特殊性，农业保险监管内容范围要远远超出一般商业保险监管的内容范围，具体包括：宏观上对全国农业保险政策、农业保险契约、农业保险机构、农业保险险种、农业保险费率、农业保险保费补贴比率等的监管；微观上包括对各农业保险机构（包括其分支机构）及其行为规范运行的监管、对参与政府及其农业保险扶持行为落实效率的监管以及对投保农户道德风险和逆选择问题的监管等。

**5. 农业保险监管人员的专业性**

保险监管人员的综合素质决定农业保险监管是否有效，一般应该具备较高的思想道德素质、过硬的保险专业知识和较强的保险监管能力。而农业保险不同于一般商业保险的财产险业务，其承保标的具有生命特征，品种繁多、生长各异、风险不同，加之规模庞大、农户众多等因素，使其运行呈现特殊性，这就决定农业保险监管的复杂性，对农业保险监管人员的专业性要求更高。农业保险监管人员除了应具有一般商业保险监管人员具备的素质、知识和能力外，还应该具备与农业相关的专业知识，如农业生产技术、农业救灾技术等。

**6. 农业保险监管机制的协调性**

基于农业保险的政策性特点，农业保险监管的目标任务、监管对象、监管机构、监管方式、监管内容等都有其特殊性，农业保险监管必然是一个涉及多部门、多主体的综合性问题，其各部门、各主体的协调机制是农业保险监管高效和监管目标任务实现的关键。基于目前农业保险试点的实践，我国农业保险监管已经初步形成由保监会为主的多头监管模式，但是有农业保险监管权的各方，监管依据不同、目标有异、方式有别、权责不明，如果缺乏健全的协调机制，就容易产生监管重复或监管真空。因此，相比于一般商业保险监管而言，农业保险监管要提高其执行效率，其监管机制就需要更加协调统一，必须要协调好财政、审计、监察、农业等各相关部门的工作。

## 2.2.3 农业保险监管的功能

功能是指事物或方法所发挥的有利作用或职能，往往是由事物或方法的根本性质决定的，是事物本质的外在表现。农业保险监管的功能是由农业保险监管的性质、目标和根本特征决定的，它既具有保险监管的一般功能，也具有农业保险监管的特殊功能。

### 1. 市场规范功能

市场规范功能是指农业保险监管具有打击农业保险市场违法行为、促进农业保险市场公平竞争，防范农业保险市场风险、规范农业保险市场运行等功能，这是农业保险监管的一般功能。农业保险监管也属于保险监管，因而和一般商业保险监管一样，必然具备保险监管的一般功能。农业保险具有政策属性，农业保险经营应该不以营利为根本目的，但承担农业保险的保险公司仍然具有逐利性，同时，投保农户也存在逆向选择与道德风险、参与政府也有寻租行为等。这必然导致农业保险市场会存在诸多的不规范交易行为和不公平竞争行为，使国家补贴和政策支持等资源配置不能实现效率最大化，极易引起系统风险和市场风险，从而影响农业保险的高效运行。为规范农业保险市场行为、提高农业保险资源配置效率、促进农业保险高效运行，农业保险监管必须具有市场规范功能。

农业保险监管充分发挥市场规范作用，主要包括打击农业保险市场违法行为、保障农业保险市场公平竞争两个方面。其中打击农业保险市场违法行为是指对保险公司的违规操作行为、政府的寻租行为、农户的道德风险问题和逆向选择等行为进行打击和纠正，以促进农业保险市场的规范运行。保障农业保险市场公平竞争主要是针对保险机构与投保农户的公平交易和承担农业保险业务的保险公司之间的公平竞争两个方面。作为第一个方面，由于保险公司是农业保险产品的供给者和标准农业保险契约的提供者，在农业保险关系中具有绝对的信息优势，相反，投保农户本身属于弱势群体，在农业保险交易中处于信息不足的劣势地位，并且其本身也会存在逆向选择和道德风险问题，因此农业保险监管机构要加强对两者公平交易的监管，尤其是对保险机构的监管，保障交易公平、保护投保农户合法权益、实现两者利益的动态平衡。作为第二个方面，由于承担农业保险业务的保险机构不止一家，其业务之间必然存在竞争，有的保险机构为获得更多业务，就可能使用不正当竞争手段，这也会扰乱农业保险市场秩序，引发系统性风险，不利于农业保险的可持续发展，因此，农业保险监管机构也应加强对保险公司之间不正当竞争行为的监管，保障农业保险竞争的公平性。农业保险监管的市场规范功能是农业保险市场可持续发展的基本功能。

### 2. 产业发展功能

产业发展功能是指农业保险监管可以根据农业保险产业发展的实际和需

要，通过放松监管或者从严监管的方式，规范、引导和促进农业保险产业的可持续发展，这也是农业保险监管的一般功能。任何一个产业的发展都离不开监管，尤其是农业保险产业作为金融产业的重要组成部分，向来是监管的重要区域。我国农业保险的发展经历了一个曲折的过程，自1982年恢复试办农业保险以来，我国农业保险已经走过了30余年的发展历程，先后经历了试办、恢复、萎缩，2004年开始的中央补贴的政策性农业保险试点改革，使我国农业保险进入快速发展阶段，目前农业保险宏观上已经取得初步成功。理论和实践都证明，农业保险采取纯商业保险的途径是行不通的，必须采取有政策支持的政策性保险，同时也证明，农业保险业如果缺乏监管，农业保险试点所取得的成功将无法保障，农业保险也不可能获得可持续发展。目前我国农业保险虽然取得巨大成功，但是其运行出也出现诸如保险公司违规与骗保、投保农户逆向选择与道德风险、参与政府的缺位与越位等问题，影响农业保险的可持续发展，农业保险监管不力的矛盾日益凸显，如果不及时加强农业保险监管，规范农业保险业运行，农业保险业发展前景堪忧。不仅如此，农业保险作为现代农业风险管理的工具，是农业产业发展的制度保障，农业保险产业的规范发展，对促进农业产业的发展同样具有重要作用。因此，农业保险监管不仅具有市场规范功能，也具有促进产业发展功能。农业保险监管的产业发展功能是农业保险市场可持续发展的重要保障。

### 3. 政策实现功能

政策实现功能是指农业保险监管促进农业保险惠农政策根本实现的功能，这是农业保险监管的特殊功能。农业保险作为现代农业风险管理方式，其本质是分散和转移农业风险，具有双重正外部性特点，是一种经济补偿制度，属于准公共物品，因此具有很强的政策属性，是符合WTO框架的国家和政府实现对农业支持的工具。发达国家一般将政策性农业保险作为增进农民福利的手段和惠农政策的工具，而在诸如我国这样的发展中国家，也将其作为促进农业增产、农民增收、农村稳定的重要惠农政策措施，农业保险监管的核心功能是促进农业保险作为国家惠农政策目标的实现。农业保险监管机构通过对农业保险运行过程的监管，确保政府补贴和惠农政策支持的真正落实、规范保险公司的承保和理赔行为，同时也监督投保农户的逆向选择与道德风险，从而形成规范的农业保险市场秩序，进而建立安全、公平、高效的农业保险市场机制，确保政府促进农业、农村发展宏观政策的根本实现。农业保险监管的政策实现功能是农业保险市场可持续发展的核心功能（贺姝劼，2007）。

# 2.3 农业保险监管的理论渊源

从风险管理与农业保险理论体系看，农业保险监管本身并无独立理论体系。从实践看，监管一直是农业保险高效运行必不可少的环节，其思想基础源于规制经济学的一般规制理论、新制度经济学的制度分析理论和保险经济学的有效监管理论。一般规制理论确立了农业保险监管的合理性，制度分析理论实现了农业保险监管的可能性，有效监管理论奠定了农业保险监管的现实性。农业保险及监管的基本理论，以及多学科理论共同作用，形成农业保险监管有效性的基本理论分析框架。

## 2.3.1 一般规制理论：农业保险监管的合理性

作为农业保险监管理论渊源的一般规制理论主要包括公共利益理论、监管失灵理论、特殊利益理论，它们为农业保险监管的合理性提供了理论支撑。

### 1. 公共利益理论

在公共利益理论产生以前，西方经济发展的理论与实践都证明，政府不能干预经济生产，厂商以追求个人利益最大化为目标，他们能够按照价值规律自发调节各自生产达到市场均衡，这在资本主义经济发展初期确实表现得比较突出，一切生产与市场行为都在价值规律这个"看不见的手"的指挥下有序进行。但是随着社会分工的深入、生产的扩大、厂商个人对利益的无止境追求，个体厂商生产的有序性与整个社会生产的无序性矛盾越来越突出，尤其是1929～1933年世界经济危机的爆发，使得人们不得不反思过去的行为，一是政府作为最基本的制度力量和制度框架的作用，二是社会公共利益选择问题。许多专家与学者从理论、实证等不同角度进行了研究，一般认为，政府与市场是现代市场经济与法治经济条件下两种最基本的制度力量和制度安排，也是两种干预经济的基本手段，政府干预作用通过行使其职能得以体现，市场通过价值规律发生作用，政府与市场的关系选择及其均衡构成现代市场经济国家制度安排的核心与基础。监管是政府的主要职能，是现代市场经济条件下国家干预经济政策的重要组成部分和重要手段。随着实践的发展，在此理论的基础上逐步形成以政府监管为研究对象的规制经济学理论，公共利益理论是其核心理论之一。

公共利益理论认为，监管是政府干预经济的重要职能，它服务于公共利益，是政府为实现其公共职能，对现代市场经济中微观经济主体进行的监督、管理、规范及引导，以此弥补不公平和无效率的市场机制、修正因市场失灵而导致的资源误配，提高资源配置效率，实现经济效益最大化，完善市场机制，进而对社会福利进行再分配，它是现代市场经济不可或缺的制度安排，因此，市场从哪里失灵，监管就应从哪里开始矫正（Harold and Robert，2000）。由此可见，公共利益理论是以福利经济学为基础，以社会经济福利最大化为目标，以政府干预为手段。现代市场机制下，福利经济学为政府监管介入提供理论支撑，个人福利与社会福利的矛盾与冲突，则为政府监管介入提供现实依据，政府监管就是"对社会公平和效率需求所做的无代价、有效的和仁慈的反应"（弗朗茨，1993）。

基于对公共利益理论的分析，可以发现农业保险是准公共物品，担负着一定的公众利益，即整个社会的福利，其消费和生产具有双重正外部性，导致需求不足和供给不足的市场失灵问题，无法完全通过市场机制和自我执行机制得以解决，于是政府通过补贴机制和政策支持促使供需双方达成有效均衡，这是政府经济职能的体现。但补贴机制和政策支持由于缺乏外部监管或者外部监管不力，又导致资源配置没有实现效率最大化，出现新的市场失灵，如保险机构违规操作骗取国家补贴、政府补贴不到位或不及时等，因此政府监管介入成为必然。此时政府监管介入与政府农业保险补贴和政策支持介入性质不同，政府监管是行使其政府的公共管理职能；政府参与农业保险补贴则是行使其经济职能。前者是从公共利益出发制定的公共行政政策，主要纠正市场失灵发生导致市场资源配置的非效率性，规范农业保险参与主体行为，提高市场资源配置效率，其根本目的是确保农业保险可持续发展和农业保险政策性目标实现；后者从农业产业与经济社会发展出发，目的是促进农业保险这个现代风险管理制度的推进，实现农业可持续发展。因此，公共利益理论为农业保险监管的合理性提供了理论支撑，农业保险监管是政策性农业保险的成功运行与可持续发展的外部保障。

### 2. 监管失灵理论

公共利益理论基于公共利益的需要和市场失灵的现实提出政府监管的必要性，该理论认为，政府对农业保险进行有效监管，能够解决农业保险需求不足和供给不足的市场失灵问题，协调个人福利与社会福利之间的矛盾，增进社会福利，提高资源配置效率。其实，公共利益理论本身也存在先天性缺陷，作为不完全竞争理论，其理论应用是建立在假设公众为得到社会福利而产生监管需求的基础上，这仅仅只解释了政府监管介入的直接原因，而没有解释公众是如何把潜在的监管需求转化为现实的监管机制（Demsetz，1969）；作为不完全竞争理论，其理论前提是假设政府与市场主体都是为追求财富最大化的理性经济人，政府具有寻租性，市场具有逐利性，但现实中并没有明确定位政府与市场各自的地位和界限，也没有凸显政府监管的优势，政府监管介入本意是为修正市场失灵，结果却容易出现监管低效、政府失灵，影响整个农业保险运行的公共利益，因此监管失灵理论应运而生。

监管失灵理论认为，政府和市场作为最基本的两种制度力量和制度框架，两者都不是万能的，在一定程度上难免有其客观不足和主观缺陷，既然存在市场失灵，也就存在政府监管失灵。一方面，政府（行使监管权的是其具体监管机构）实际上是由一些具有独立利益的人组成的一个特殊主体，受自身素质、执行能力、监管理念等影响，不一定都能够完全客观公正地行使监管职能，存在监管失灵风险。另一方面，政府在行使监督活动时，既不是毫无成本地按照公共利益需求直接提供农业保险产品，也不是直接干预农业保险的所有领域，而是通过监管行为提高政策补贴及优惠政策等资源配置效率，以解决农业保险市场失灵问题，促进农业保险可持续发展，其行使对农业保险的监管权必然存在成本投入，也就必然存在权力寻租，为追求自身利益最大化，会产生道德风险和逆向选择风险，从而出现政府监管失灵。因此，20世纪60年代，虽然主流理论认为政府应该对微观经济活动进行监管，但一些国家的政府监管却出现制度僵化、腐败严重、监管成本高昂等监管失灵问题，这引发了学者们对政府监管效率问题的重新思考。有的学者认为，监管与外部性的存在、不经济或自然垄断市场结构是非正相关的（Posner，1975），政府规制目标与规制实际效果并非一回事，规制目标决定规制政策的制定，规制实际效果除受规制目标制约外，还受许多其他因素影响。还有的学者认为，对市场失灵的严重性估计过高及严格监管限制了市场的发展，由此产生放松监管理念。到20世纪70年代，公共利益理论下的政府监管（市场干预）理论逐步失去了经济学家们的普遍支持（Levine and Forrence，1990）。

对于我国农业保险监管而言，其监管目标与一般商业保险监管目标大相径庭，其主要目标是促进农业保险作为政策性工具实现宏观调控目标，提高政策补贴的资源配置效率，这应该带有典型的公共利益需求。但是在农业保险监管的实际运行中，从横向上看，存在几个关键问题，其一是农业保险监管机构与商业保险监管机构为同一机构，农业保险监管机构仅为保监会财产保险监管部门的一个下设机构，虽然其监管与商业保险监管采取了不同的方式，但总体上仍然按照商业保险监管模式在对农业保险进行监管，这必然会导致监管效率不高。其二是农业保险监管机构除保监会农业保险监管部门外，财政部、农业部、监察部等机构也有权对农业保险进行不同业务范围的监管，从而在国务院体制下形成独具我国特色的"一主多头"农业保险监管体系和协调机制。在这种体系下，有农业保险监管权的各方监管依据不同、目标有异、方式有别、权责不明，同样存在政府利益寻租和监管成本投入，缺乏强有力的监管实现机制。从纵向上看，我国农业保险监管机构存在中央和地方两级行政体系，在行使监管权的过程中，同样也会存在地方利益与总体利益的矛盾与冲突，地方监管机关的监管行为会有利于本地方发展，但也可能有悖于全国整体监管政策，这是农业保险监管实践中迫切需要解决的现实问题。因此，监管失灵理论为我国农业保险监管的迫切性提供了理论支撑。我国农业保险监管也存在效率低下和监管不力问题，需要提高我国农业保险监管的有效性。

### 3. 特殊利益理论

如前文所述，公共利益理论虽然为农业保险监管的合理性提供了理论依据，其先天缺陷又可能导致政府监管失灵，这也为农业保险监管的紧迫性提供了理论依据。但是它不能有效解释被监管行业的某些现象，由于监管也需要考虑成本与效率、公共利益与个人利益分配，因此，理论界开始研究政治对监管政策偏好与事实结果间的因果关系，将理性经济人假设扩展至政府及其相关机构和部门，重新审视政府等机构的性质与作用，即对公共利益理论进行一定的反思，开始承认政府也具有某种特殊利益，而非完全是保护大众公共利益，这就产生了特殊利益理论。特殊利益理论认为，监管者为获得选票或政治支持的特殊利益考虑，其制定的政策和监管行为必然会体现拥有者、有影响力团体的利益，而并非其所言代表所有大众公共利益，这种行为必然导致现实中其决策并不总符合公众愿望，甚至可能出现腐败盛行、监管低效等现象。

特殊利益理论的典型代表主要有公共选择理论和捕获理论（capture theory of regulation）。公共选择理论认为监管是相互斗争的社会集团之间实行财富再分配的政治经济体系的一部分，其主要目的是在不同阶层间转移资源以获得对方案的最大支持。捕获理论又称"俘房"理论、占据理论，或者追逐理论，该理论主要揭示在政府行使监管权干预经济过程中，政府与特殊利益集团间存在的相互关系，它认为监管的目的在于促进特殊利益（监管收益）最大化，监管者可以根据特殊利益的需要选择不同的监管政策，调节不同利益集团间的价值转移，最终实现政治支持的最大化，但客观上又为被监管行业所占据并为其利益服务（DECD，1997）。由此可见，特殊利益理论的目标不仅仅是找到纠正市场失灵的有效措施，还是不同利益集团实现利益重新分配的重要手段，它既可能防范经营风险，也可能导致市场低效，甚至成为利益集团相互竞争的战场，特殊利益理论下形成的监管政策和制度可能主要服务于部分生产者，而非广大的消费者（张晓慧，1995）。因而，特殊利益理论提出监管过程中道德风险、逆向选择、准入及退出障碍等现象时有发生，增加了监管成本，降低了监管效率。另外，监管特殊利益理论自身的缺陷也是显而易见的，从该理论的形成看，它主要来源于实证分析所得出的结论，不一定带有普遍性，尤其是缺乏系统的理论支撑，只解释部分表象，忽视实质分析和解决问题的根本途径；从该理论的核心思想和主要内容看，特殊利益理论重视利益集团需求、夸大利益集团的捕获能力，忽视监管机构本身也具有抵制监管捕获能力。监管机构通过国家赋予其合法的地位和监管权，拥有专业化的监管队伍和发达的监管信息系统，具有天然的优势，是能够有效抵制监管捕获行为的。因此，特殊利益理论指出政府在行使监管权的时候，必须要提高规避被政治捕获的能力，以提高监管的有效性（李薇，2011）。

我国农业保险运行中，政府、保险公司和农户三方主体利益博弈，必须通过外部监管以校正目标、规范经营、协调运行、达到最优、实现均衡，促进农业保险的持续发展，因此，公共选择理论解释了农业保险监管的合理性。同时，农业保险监管是政府管理职能的一部分，具有追求自身政治利益最大化期望，为保险机构逐利和发展所捕获，但客观上也保护了投保农户的利益，实现了社会公共利益，因此捕获理论解释了农业保险监管的客观性（邓义和陶建平，2012）。

## 2.3.2 制度分析理论：农业保险监管的可能性

农业保险监管的合理性源于一般规制理论，而一般规制理论自身的缺陷又导致与现实问题之间存在不可调和的矛盾，解决这个矛盾，把这种合理性变成可能性的则是新制度经济学的制度分析理论。理论界引入新制度经济学理论与方法，尝试对政府监管的市场交易环境、监管机构及市场主体的组织架构等进行深入分析，其核心是交易成本理论和制度变迁理论，是探讨农业保险监管中制度供给和制度执行的理论支撑。

### 1. 交易成本理论

交易成本（transaction costs）即人与人之间的关系成本，是与一般的生产成本对应的概念，指在一定的社会关系中，人们自愿交往、彼此合作达成交易所支付的成本，从本质上说，有人类交往互换活动，就会有交易成本。交易成本理论由诺贝尔经济学得奖主科斯提出，其后经诺斯等完善，形成新制度学派的核心理论。该理论认为，由于行为人的有限理性，受其认知能力和客观条件限制，决策者在作出决策和交易执行中，在制度供给、事前谈判、契约形成、契约执行以及事后监督等每个环节，任何市场交易行为都存在交易成本（Simon，1971），政府与市场是两种资源配置方式，其界线划分取决于交易成本的高低，由此可通过选择不同的资源配置方式，提高资源配置的效率（Posner，1980）。

从一般规制理论看，政府监管的前提是市场失灵，它是纠正市场失灵的手段。而新制度经济学认为市场是配置资源的最优手段，政府监管只是推动交易谈判顺利进行，实现资源有效配置的次优手段，当通过市场配置资源的成本高昂，单靠市场机制自身无法获得高效率时，政府干预就既是必然的也是可能的。农业保险的双重正外部性，导致农业保险产品供需双向不足、交易成本高昂，这就为政府干预配置资源提供了可能性，而政府干预农业保险不仅通过补贴政策实现农业保险的运行，更需要借助自身优势，以低于市场的成本搜集和分析资源配置不当的信息，通过监管制度的设计和执行，为信息劣势方提供信息服务，提高整个资源配置的效率。因此，交易成本体现政府监管的价值，交易成本理论为农业保险监管的可能性提供了理论支撑。

### 2. 制度变迁理论

"制度是为约束人们追求利益最大化而被制定出来的一系列规则、要求和行为规范，这些规制、要求和行为规范为人类的合作与竞争等活动提供了执行框架及实现保障，从而形成各种关系，进而构成整个社会（即某种经济秩序）"（North，1990）。从某种意义上讲，制度就是博弈规则，是为调整和制约人们的行为而设计出来的一系列约束条件。新制度经济学认为，制度对经济社会发展具有重要的作用，是决定经济结构，进而决定经济绩效的重要因素。在市场经济条件下，交易活动总是稀缺的，需要优化资源配置，制度是影响资源配置效率的关键因素，科学的制度安排是经济增长的直接源泉。统治阶级为达到其效用最大化目的，会为全社会设计一系列制度，以减少交易成本，促进社会产出最大化，所以，在市场经济活动中，政府既是市场活动的组织者，同时也是市场行为的监管者。作为市场活动的组织者，其主要任务是承担政府经济管理职能，作为市场行为的监管者，其主要任务是承担政府社会管理职能，通过制度设计与制度供给，提供满足降低交易成本的各种规则，以防止因交易成本高昂而导致的市场失灵或者弥补因市场失灵而产生的各种弊端。因此，制度是政府监管形成的依据，包括制度供给、制度需求和制度执行，是通过制度变迁实现的。

作为政府监管形成的依据，制度一旦形成就会在一定时期具有相对的稳定性，即制度均衡，当制度处于非均衡状态时，就会出现制度变迁。制度变迁过程中人们对制度的选择和制度安排是依据成本收益分析进行权衡的结果，不是随意的。所谓制度均衡既指人们对现存制度安排表示满足而无意改变的状态（张曙光，2003），也指制度供给适应制度需求而处于稳定的状态（其实质是制度达到帕累托最优）（卢现祥，2003），前者属于"行为均衡"，后者属于"变量均衡"；同样，所谓制度非均衡既指人们对现存制度安排表示不满而期望改变的状态（张曙光，2003），也指制度供给不能适应制度需求而处于变迁的状态（卢现祥，2003），前者称为"行为均衡"，后者称为"变量非均衡"。制度均衡理论与制度非均衡理论是制度变迁理论的重要组成部分。

当制度均衡时，政府的任务是依据制度行使监管权，执行制度以提高经济运行效率；当制度非均衡时，政府的任务就是推进制度变迁，供给更优制度安排以适应制度需求。因此，制度变迁的必要条件是制度非均衡，制度变迁的分析工具是成本收益分析，制度变迁的结果是新的制度均衡。制度变迁就是应用成本收益分析过程，当现存制度并非社会净效益最大的制度安排而出现制度非均衡时，制度供给主体打破旧制度、供给新制度，达到新的制度均衡，它是对现存制度框架进行创新与打破的过程，是新制度（或新制度结构）产生、替代或改变旧制度的动态演化过程，从一定程度上讲，也是一个帕累托改进的过程（卢现祥，2003）。按照新制度经济学成本收益分析理论，当在现有制度结构下，潜在利润是制度变迁的诱致因素，制度变迁的成本问题则为制度变迁实现提供可能性，只有通过制度变迁可能获取的潜在利润大于制度变迁成本时，制度变迁才会发生。根据制度变迁的动力，一般可以划分为诱致性制度变迁和强制性制度变迁①（林毅夫，1994）。

基于以上制度变迁理论，我国农业保险监管是政府职能之一，其目的是促进农业保险作为惠农政策目标的实现，以提高农业保险运行效率，推进农业保险可持续发展。农业保险监管主要是通过制度来实现的，制度是农业保险监管形成的基础，也是农业保险监管的依据，包括农业保险监管制度供给、制度需求、制度执行等过程。其中制度需求与供给是农业保险监管的前提、制度执行是农业保险监管的核心。当农业保险监管制度处于均衡状态时，即制度供给适

---

① 诱致性制度变迁是指一群（个）人在响应由制度不均衡引致的获利机会时所进行的自发性变迁；强制性制度变迁是指由政府法令引起的变迁。

应制度需求，无论是监管者还是被监管者都对制度安排和制度结构处于满足状态而无意改变现行制度时，农业保险监管的核心是提高制度执行的效率；当农业保险监管制度处于非均衡状态时，制度供给不能满足制度需求，人们对现存制度处于不满意状态而欲意改变时，农业保险监管的核心是制度变迁，如果是制度供给不足则要进行制度供给，如果是制度供给过剩，则要调整制度的效率。当然，无论是哪种情况，制度变迁的分析工具都离不开制度经济学成本收益分析这一最基本的分析工具（冯文丽，2004；李薇，2011）。

### 2.3.3 有效监管理论：农业保险监管的现实性

一般规制理论为农业保险监管提供合理性依据，制度分析理论则把这种合理性变成可能性。不仅如此，农业保险监管实践还要求必须具有有效性，即对效率与效益的需求，提高监管效率，实现监管效益，有效监管理论满足农业保险监管有效性的现实需求。

**1. 有效监管的核心理念**

保险经济学认为，保险监管追求有效性目标，即有效监管，不仅追求效益，而且追求效率，其中效益是对监管结果是否实现宏观监管目标的衡量，一般是通过制度供给来测度；效率是对监管过程是否实现微观具体目标的评价，往往是通过制度执行来实现。基于此，保险监管的核心理念包括：

（1）动态监管理念。动态监管强调对风险评估和风险管理等过程的监管，注重过程与预警。根据农业保险市场的复杂特点和产业环境，提出农业保险监管是动态监管与静态监管的统一，其中动态监管是核心。

（2）依法监管理念。市场经济是法治经济，法作为农业保险监管制度的核心内容，是农业保险监管的依据和准则，也是农业保险监管权威性、公平性、公正性的保障，依法监管对实现农业保险监管有效性具有决定性作用。

（3）适度监管理念。监管有效性与监管强度有直接的关联，而这种关联又受多重因素影响，如监管所处阶段、监管外在环境、监管制度供给、监管政策调整等，同时还涉及多方利益博弈，因此，必须基于成本收益分析和监管目标，在严格监管、放松监管、正常监管之间权衡，选择最优监管战略，实现适度监管（赵国新，2008）。

**2. 有效监管的规则标准**

有效监管一直是保险监管的迫切要求，在保险界并没有形成成熟的理论体系与规则标准，但在其他领域则有丰富的成果，成为农业保险监管有效性的实践基础和直接理论来源。这主要包括国际保险监管监督官协会（IAIS）、世界银行（WBI）、经济合作与发展组织（OECD）等国际组织对有效监管理论的探索，其中 IAIS 的体系最为典型，除此之外还包括一些学者和专家对有效监管的探索。国际保险监管监督官协会是一个世界性的保险监管组织，自成立以来，其核心工作就是为国际保险监管有效性提供制度规则和衡量标准，其内容涉及保险监管核心原则（如保险监管体系原则、审慎监管原则等）及监管风险控制目标（如偿付能力原则、信息披露原则等）等完整体系，其制定的相关标准成为世界银行、国际货币基金组织等对保险机构进行评估的标准。同时，OECD 也提出八大有效监管的标准体系，并提出构建有效保险监管的三大支柱，即监管制度、监管机构、监管工具。另外，在实践的基础上，许多学者和专家也对有效保险监管进行理论梳理与创新，提出不同的有效保险监管标准，如效益与效率标准（Charles Goodhart et al.，1998）、帕雷托最优标准等。这些理论体系与规则标准形成我国农业保险监管有效性衡量指标及体系构建的直接借鉴。

### 3. 有效监管的实现条件

农业保险监管是农业保险监管机构依据农业保险监管制度体系，对农业保险市场配置机制和农业保险参与主体决策与活动进行直接或间接干预的行为与过程。结合上述有效保险监管的核心理念和规则标准分析，可以发现，决定保险监管有效性的核心因素不仅包括管制度供给、监管制度执行，还包括监管执行监督等，因此农业保险有效监管实现的基本条件是：

（1）农业保险监管制度供给均衡。这是有效监管的前提条件，即制度供给部门必须根据农业保险监管的目标要求，提供充分、必要、适当的制度需求，这体现的是农业保险监管对宏观效益的追求。

（2）农业保险监管制度执行高效。这是有效监管实现的核心条件，即农业保险监管机构依据农业保险监管制度体系，制定具体执行细则，并对农业保险市场配置机制和农业保险参与主体进行具体监管，以实现农业保险监管的目标，这体现的是农业保险监管对具体效率的追求。

（3）农业保险监管执行监督有力。这是有效监管实现的保证条件，监管是一种权力，权力如果失去监督，必然产生腐败和低效率。提供监管的有效性，必须通过不同形式的监督，如国家专门监督机关的监督、行业监督、媒体监督、群众监督等，以促进农业保险监管制度的最终实现。

基于以上农业保险监管的基本理论和理论渊源分析，我国农业保险监管不仅具有合理性、迫切性、必要性，而且具有可能性、可行性、现实性。一般规制理论确立农业保险监管的合理性，它决定农业保险监管不同于一般商业保险监管，需要构建独立的评价机制和监管体系；制度分析理论实现农业保险监管的可能性，它决定农业保险监管评价机制所应用的评价方法和衡量工具；而有效监管理论奠定农业保险监管的现实性，它决定农业保险监管体系设计与构建的核心理念和主要内容。因此，上述三大理论共同作用，构成我国农业保险监管的主要理论渊源和基本分析框架，指导农业保险监管实践的发展，同时也在农业保险监管实践中不断丰富和完善。

# 第3章
# 农业保险监管有效性的衡量体系

农业保险作为一项公共政策和现代风险管理制度，其目的是要惠及农民、农村、农业乃至整个国民经济，农业保险监管的任务就是为实现农业保险的目的服务，农业保险监管的有效性就决定了农业保险目标实现的有效性。因此，基于农业保险监管理论，对农业保险监管有效性的衡量就显得尤为重要，而农业保险监管有效性衡量指标的构建则是其前提和基础。本部分拟在分析农业保险监管有效性内涵和目标的基础上探讨农业保险监管有效性的衡量指标体系、衡量原则及衡量工具，为研究我国农业保险监管提供基本分析框架。

## 3.1 农业保险监管有效性的内涵及目标分析

### 3.1.1 农业保险监管有效性的内涵

农业保险监管是一种特殊的保险监管，是国家农业保险监管机构依据相关法律制度对农业保险主体及其行为的监督与管理。基于有效监管理论，农业保险监管到底有没有发挥作用以及发挥多大的作用，是否实现了监管的目标，称之为农业保险监管有效性，是有效监管的直接体现。具体而言，农业保险监管有效性是指农业保险监管机构依据法律制度行使监管权，应用宏观调控和微观管制手段，促进农业保险效益的实现和效率的提高，并最终实现贯彻国家惠农政策、稳定农业保险市场、发展现代农业、推动整个经济社会发展等目标。

根据农业保险有效监管理论，农业保险监管有效性内涵主要通过两个层面体现，其一是农业保险监管的效益性结果，即农业保险监管行为对农业保险监管根本目标实现的宏观效益评价，其往往通过制度供给来测度；其二是农业保险监管的效率性过程，即农业保险监管行为对农业保险监管具体目标实现的微观效率评价，其往往通过制度执行来实现。效益与效率是农业保险监管有效性的两个方面，效益强调收益与结果，效率强调成本与过程，效益决定效率的方向，效率是实现效益的保障。农业保险监管有效性是由农业保险监管目标决定的，农业保险监管的根本目标决定其有效性的宏观效益指标，农业保险监管的具体目标决定其有效性的微观效率指标，即农业保险监管有效性首先是有效益，其次是有效率，效益中蕴含效率，效率中也蕴含效益，是效益到效率的动态过程、效益与效率的有机统一、静态效益与动态效率的双重需求。因此，农业保险监管有效性是追求效益与效率双重价值，也是静态监管与动态监管的有机统一。

基于上述界定，农业保险制度作为一种社会化的保障机制，具有一定的公共性和社会效益，农业保险市场监管不仅具有内部性和微观规制功能，也具有很强的外部性和特定的宏观经济调控功能，既追求效率和效益，又与传统的效率和效益概念有别，是效益层面与效率层面的统一，这是由农业保险监管有效性内涵所决定的。农业保险监管有效性的效益需求是指农业保险监管行为结果对农业保险监管根本目标实现的要求，即监管宏观目标实现的规定，以法律制度固化，通过制度供给、依法监管实现；农业保险监管有效性的效率需求是农业保险监管行为过程对农业保险监管具体目标实现的界定，即监管具体行为过程的规定，以制度执行实现，不仅要依法监管，还要适度监管。依法监管由监管的本质所决定，适度监管是监管的成本收益分析所要求的。基于新制度经济学理论分析，只要存在监管行为，就会存在监管成本和资源消耗，就需要减少成本投入，提高资源配置效率，提高监管运行的有效性。因此，在资源配置有限的条件下，农业保险监管同样既强调效益需求，也强调效率需求，追求在资源约束条件下实现效用水平的最大化，或者在效用水平一定的情况下实现成本最小化（董辉，2010），是效益价值与效率价值的有机统一、静态监管与动态监管的有机统一、依法监管与适度监管的有机统一。

### 3.1.2　农业保险监管有效性的目标分析

农业保险监管有效性的目标归根到底是由农业保险监管目标决定的，农业保险监管目标是由农业保险经营目标决定的。农业保险监管体系首先必须根据国家法律制度及政策，科学拟定农业保险监管目标，并准确无误地将其赋予农业保险监管机构，农业保险监管才有可能高效进行。基于监管理论，农业保险监管的核心应该包括监管制度供给及其执行两个环节，其中制度供给追求静态结果，制度执行追求动态过程。因此，农业保险监管有效性目标总体也应该包括两个层次，其一是农业保险监管有效性静态目标层次——制度供给，这一目标体现有效性的宏观效益需求，即监管发挥什么作用、实现什么根本目标；其二是农业保险监管有效性动态目标层次——制度执行，这一目标体现有效性的微观效率需求，即监管发挥多大作用、实现什么具体目标。农业保险监管制度供给是前提和基础，农业保险监管制度执行是核心和关键。

### 1. 农业保险监管有效性的静态制度供给目标：效益需求

制度供给是农业保险监管有效性的前提和基础。农业保险监管有效性的静态制度供给目标即根本目标，是指为实现农业保险根本任务而提供的农业保险监管制度体系，也称之为总体目标。农业保险是带有很强政策性的保险，不同于一般商业保险，农业保险监管也不同于一般商业保险监管。从经营主体目标来看，农业保险和一般商业性保险的一个重要区别在于，前者是非营利性的，而后者是追求盈利的，这就决定监管部门监管理念的根本不同。对于商业性保险，监管部门要在保险公司追求盈利和保障投保人及被保险人利益之间实现动态平衡，力求兼顾两者的利益，而对于农业保险，监管部门最根本的任务是促进农业保险作为政府的政策工具实现其政策目标（庹国柱和朱俊生，2005）。因此，农业保险监管目标和农业保险监管制度目标是一致的，必须要体现出其政策性属性，以保障国家惠农政策执行，提高市场资源配置效率，实现市场机制有效运转，促进整个社会经济发展。农业保险监管有效性的静态制度供给目标以效益为核心，具体包括促进农业保险政策顺利实现、推动农业保险市场稳定运行、促进整个社会经济发展三个方面。

### 2. 农业保险监管有效性的动态制度执行目标：效率需求

从制度供给到制度实现中间必须有一个核心环节就是制度执行，制度执行是农业保险监管有效性的重点和核心。农业保险监管有效性的动态制度执行目标即中间目标，是指从农业保险监管制度供给到制度实现的过程中需要完成的各项具体监管目标体系，也称为具体目标。农业保险监管并非监管机构通过对农业保险运行过程的直接控制和操作来实现农业保险对政策、市场、经济社会发展等的作用，而是借助农业保险监管制度的实施，由监管机构对农业保险参与主体采取经济、法律、行政的手段进行间接调整和协调来实现农业保险监管的具体目标，并且最终实现其根本目标。农业保险监管有效性的动态制度执行目标（即中间目标或者具体目标）的确定必须与当前的政治体制、经济体制、金融体制、农业政策等相适应，并根据本国的金融保险业与内外部环境的具体发展情况来适时协调，以提高监管各个阶段的效率，最终实现整体效益。所以，农业保险监管有效性的动态制度执行目标以效率为核心，直接关系到农业保险监管总体效益目标的实现，其设置是有效农业保险监管机制设计中的重要中间环节。从各国农业保险监管实践来看，该目标主要包括对农业保险参与主体监管目标、对农业保险市场行为监管目标和其他目标。其中，对农业保险参与主体监管目标包括监督参与政府政策扶植行为的效率、保护投保农户合法权益和促进保险机构规范发展等；对农业保险市场行为监管目标包括防范农业保险市场风险和系统风险、增进农业保险市场效率和维护公平竞争的市场秩序等（图 3-1）。

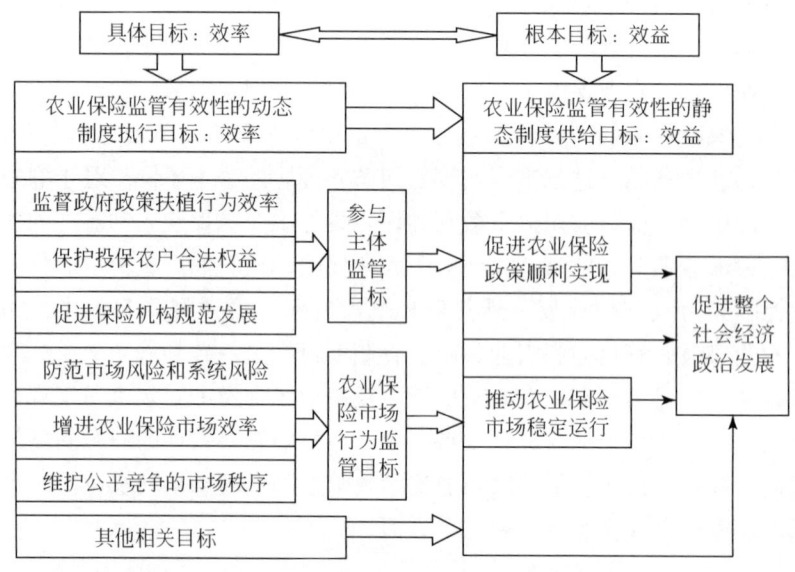

图 3-1　农业保险监管有效性目标体系

农业保险监管的动态制度执行目标就是要实现对效率的需求，具体如下：

（1）监督政府政策扶植行为效率。农业保险是准公共物品，担负着一定的公众利益，其消费和生产具有双重正外部性，导致需求不足和供给不足的市场失灵问题，无法完全通过市场机制和自我执行机制得以解决。于是，政府参与成为必然，其参与方式主要就是通过补贴机制促使供需双方达成有效均衡，以推进农业保险的顺利开展。但如果外部监管不力，政府补贴不到位或者不规范，又必然导致资源的配置没有实现效率最大化，会出现新的市场失灵，因此，农业保险监管参与政府的目标就是提高政策扶植行为的效率（邓义和陶建平，2013）。

（2）监督对投保农户合法权益保护的效率。农业是国民经济的基础，同时也是天然弱质性产业，各种风险尤其是自然风险对农业生产影响巨大，农业保险正是进行农业风险管理的有效方式。但保险机制是一张庞大的契约关系网，保险人对风险信息资源的垄断地位和专业机构优势，决定它在保险机制中的中枢地位，并且必然是保险商品的供应者和保险契约的制定者。农业保险与商业保险等其他保险一样专业性很强，而且还具有政策性强的特点，农业的特殊地位和农民的特殊环境决定农户是典型的风险规避者，相对更不具有标准条款提出的专业知识和思想准备，因此，农业保险契约是由农业保险机构提供的定型化契约。在契约执行中，农业保险机构具有先天优势地位，而农户处于弱势地位，要么被动地接受契约，要么拒绝契约，如果不加强监管，农户的合法权益将得不到有效保障，农业保险的作用就不能发挥，农业保险的目标也就不能实现。因此，保险监管机构必须把保护投保农户合法权益放在相当重要的位置（邓义，2012）。但同时对投保农户合法权益的保护也并不排除对其投保行为的监督，这种监督可以减少道德风险和逆向选择的发生概率，是从规范农户投保行为方面对其合法权益的保护。

（3）促进保险机构规范发展。保险机构是农业保险的核心主体，也是农业保险监管的核心对象。农业保险能否顺利开展不仅取决于国家政策扶植，更取决于农业保险公司的规范经营。由于农业保险的政策性，政策补贴是农业保险公司开展农业保险的动力和基础，也是保险公司规范经营的重要内容，因此，农业保险监管对于保险公司而言，要考虑到其生存发展和规范运行两方面的问题，尤其是规范发展，保险公司容易出现包括伪造数据骗取国家补贴，利用投保农户弱势群体地位少赔、不赔、迟赔等不规范经营行为，如果不加强对保险机构的监管，农业保险的目标就很难得以实现，因此促进保险机构规范发展是农业保险监管有效性的重要目标。

（4）防范市场风险和系统风险。农业保险作为现代农业风险管理制度，其运行本身存在许多潜在的市场风险，同时也存在系统性风险。由于农业风险的不确定性，农业保险运行中随时都存在巨灾风险、逆向选择和道德风险，尤其是保险体系系统性危机，对农业保险影响很大。系统性风险既可能来自于保险体系内部，也可能来自于外部。例如，保险企业内部控制失灵会导致信息安全和数据失真等风险；外部监管缺位会导致监管不力和逆向选择风险等，而外部监管缺位往往为内部控制失灵创造条件（邓义和陶建平，2012）。因此，农业保险监管制度应从加强农业保险市场风险入手，加强保险企业内部控制，防范系统风险，以减小风险造成的损失，维护农业保险安全。

（5）增进农业保险市场效率。农业保险作为政策性保险，其经营需要国家政策扶植，同时保险公司的经营也需要国家的授权，因此国家利用信息占有的优势和宏观调控的功能很容易实现农业保险市场均衡和稳定，但是这并不利于农业保险市场效率的发挥，可能会直接导致资源浪费和市场失灵。所以，农业保险监管要实现均衡，防止农业保险供给不足和过度，同时又要引入竞争机制，改变旧有法规所维持的过时和无效率的制度结构，使农业保险经营机构之间和不同农业保险产品之间形成有效竞争，鼓励在保险业的公平竞争以及防范风险基础上的保险创新，以提高农业保险供给的效率。

（6）维护公平竞争的市场秩序。农业保险虽然具有政策性，遵循"政府引导、市场运作、自主自愿、协同推进"的工作原则，但是为经营方便，国家仍然对其定性为"有国家补贴的商业保险"，并且随着政策性农业保险补贴标准的提高和覆盖范围的扩大，愿意开办农险业务的保险公司不断增多。而这些承担农业保险业务的保险公司基本上都属于商业保险公司，它们经营农业保险业务的动力来自于国家政策优惠，具有很强的竞争性、逐利性，甚至是投机性，如果不引入竞争机制，并且加强对农业保险市场的监管，农业保险市场与一般商业保险市场一样也会产生系统性风险、道德风险和逆向选择风险等，乃至于出现很多恶性违规操作行为，从而损害投保农户的利益、影响农业保险的可持续发展。因此，农业保险监管在维护市场秩序方面的目标就是制定公平透明的竞争规则，并且确保这些规制的高效执行。

需要说明的是，以上农业保险监管有效性的静态制度供给目标以效益需求为主，其中仍然蕴含对效率的需求；农业保险监管有效性的动态制度执行目标以效率需求为核心，其中也蕴含对效益的需求；两者不是绝对分开的，是有主有次、协调作用、互相促进、有机统一的。

# 3.2　农业保险监管有效性的衡量指标体系

农业保险监管有效性的衡量指标体系基于农业保险有效监管的理论框架，由农业保险监管有效性目标体系决定，主要包括宏观效益指标体系和微观效率指标体系，其中宏观效益指标体系主要反映农业保险监管制度供给对农业保险监管根本目标实现的效益要求，微观效率指标体系主要反映农业保险监管制度执行对农业保险监管具体（中间）目标实现的效率要求。

## 3.2.1　农业保险监管有效性的宏观指标体系

从宏观上看，农业保险监管有效性的衡量指标体系主要包括由农业保险市场发展、"三农"经济推动对整个国民经济发展的贡献、社会主义新农村建设和社会主义和谐社会构建四个方面组成的完整体系。

**1. 农业保险市场发展指标**

农业保险市场发展指标主要是指在农业保险监管情况下，农业保险市场的发展规模、发展速度、保险深度、保险密度等指标。该指标不仅是衡量农业保险运行实际情况的指标，也是衡量农业保险在整个保险体系中所居地位和所起作用的指标，是衡量农业保险监管有效性的宏观市场指标体系。

**2. "三农"经济推动指标**

农业保险从直接目标上看是分散农业风险，提高农业风险管理水平，增加投保农户的收入，发展农村经济，为现代农业可持续发展服务，因此，农业保险直接的受益对象是整个农业、农村和农民。农业保险监管就是为确保农业保险推动"三农"目标实现服务的，具体监管指标主要包括农业保险提高农民收入、发展农业产业、建设农村经济等指标。

**3. 整个国民经济贡献指标**

农业保险是对农业的保护，直接目标是服务"三农"，根本目标是服务整个国民经济。农业保险监管对整个国民经济贡献指标主要包括农业保险市场发展对国民生产总值和对金融业的贡献等指标。

**4. 社会主义新农村建设和社会主义和谐社会构建的指标**

农业保险作为现代农业风险管理制度，有利于提高农户抵御自然风险的能力，增加农业产量、提高农户的收入，繁荣农村经济、缩小城乡收入差距，对新农村建设和社会主义和谐社会构建也具有重要的作用和意义。农业保险监管有效性宏观效益指标也应该包括农业保险对农村社会保障水平和城乡统筹发展等指标体系。

## 3.2.2 农业保险监管有效性的微观指标体系

从微观上看，农业保险监管有效性的衡量指标体系主要包括由针对保险机构、投保农户、参与政府等三个方面衡量指标组成的完整体系。

**1. 针对保险机构的衡量指标**

（1）农业保险市场结构指标。农业保险是国家惠农政策推行的工具，具有鲜明的政策性特点，但也是通过"市场运作、自主自愿"工作原则进行，因此农业保险市场结构仍然是衡量农业保险监管有效性的重要指标体系。按照保险市场结构理论，一般商业保险市场结构的主要决定因素包括保险产品及其机构的集中度、饱和度、差异度及有效竞争度等等，保险机构就是对这些相关因素和指标进行监管。基于一般商业保险市场结构，农业保险市场结构指标有自己的特点，其指标体系主要包括农业保险市场的集中度、饱和度，农业保险产品的差异度，农业保险市场准入机制，农业保险市场退出机制等指标，其中农业保险市场的集中度分为农业保险产品供给集中度和农业保险产品需求集中度，反映的是农业保险产品买卖双方之间的供需关系。

（2）农业保险承保效率指标。承保不仅是保险公司实现其利益的前提，也是投保人或被保险人获得保障功能的条件，是整个农业保险顺利开展的基础，所以保险机构承保效率不仅是衡量农业保险市场微观效率的基础，也是衡量整个农业保险制度目标实现的前提，是农业保险监管有效性的重要指标体系。在承保效率指标方面，农业保险与一般商业保险没有实质性区别，承保效率越高，农业保险的保障功能就越强，农业保险经营效率就越高。农业保险承保效率衡量指标具体包括全国农业保险保费收入及人均保费收入、农业保险机构承保利润与净利润、全国农业保险保费收入利润率、农业保险机构资本充足率等指标，一般情况下，这些指标值与农业保险市场运营效率呈正相关变化。

（3）农业保险投资效率指标。基于农业保险的特殊性，农业保险不以营利为目的，但农业保险机构同样需要提高农业保费收入和财政补贴安全管理水平及高效利用能力。因此，农业保险经营效率不仅体现在承保效率上，也体现在保险投资效率上，对农业保险投资的监管，就成为实现农业保险资金高效配置，提高农业保险运行效率的重要保障。农业保险本身就是一个具有高风险的行业，农业保险投资监管的目标是要实现农业保险资金保值增值、增强农业保险业务偿付能力和可持续发展能力，其首要任务是确保农业保险投资的安全性。农业保险投资效率指标主要包括农业保险投资组合、投资范围、投资规模、投资风险率和投资收益率等指标。

（4）农业保险市场创新能力指标。创新是社会发展的不竭动力。从整个保险行业实践看，保险市场创新是保险业可持续发展的核心竞争力，也是节约监管资源、提高监管效率的重要途径。自2004年以来，虽然我国农业保险高速发展，但农业保险仍然是一个面临众多机遇和挑战，有广阔发展前景和巨大潜力的行业。在农业保险发展过程中，市场创新能力是检测农业保险监管有效性最重要指标之一，如果监管机构对农业保险市场监管过度或监管不足，缺乏激励机制和创新保护机制，保险机构就会缺乏创新、效率低下，从而耗费更多监管资源，造成恶性循环。农业保险市场创新能力指标主要包括险种创新、模式创新、技术创新、管理创新、制度创新、机制创新等指标。

（5）农业保险市场安全性指标。农业保险的高风险性决定其实行政策性保险，但仍然按照市场运作方式推进，因此也存在市场安全问题。目前商业保险监管已经形成以偿付能力为核心的监管体系，农业保险由于处于快速发展和初级阶段，市场风险方面也应该引起监管机构足够重视。农业保险市场安全性指标主要包括偿付能力、规范运营和破产退出机制等指标。

### 2. 针对投保农户的衡量指标

（1）农户投保效率指标。农业保险的根本目标是推行国家惠农政策、分散农业风险、促进现代农业可持续发展。农户对农业保险的认知度、满意度等直接决定农户的投保率，进而决定农业保险政策保障的范围边界，因此，农户投保效率是衡量农业保险监管有效性的基本指标。农户投保效率指标主要包括农户对农业风险及农业保险的认知度、参与度、满意度和投保率等指标。

（2）投保农户利益维护指标。维护投保者利益是所有保险监管的重要目标，农户在农业保险中是弱势群体，保护投保农户利益更是农业保险监管有效性的重要指标。投保农户利益维护指标主要包括纠纷发生概率、合同赔付效率、争议处理效率等指标。

（3）控制投保农户逆向选择与道德风险指标。由于信息不对称，农户在投保和理赔中容易出现逆向选择与道德风险，因此，农业保险监管对农户而言也应该包括两个方面，既要提高其认知能力，保护其合法权益，又要规范其投保行为，防止发生逆向选择与道德风险。

### 3. 针对参与政府的衡量指标

（1）政策执行效率指标。农业保险涉及国家财政补贴的落实，因此，参与政府是农业保险重要参与主体。政府参与到农业保险中的主要作用是代表国家扶植农业保险业，对投保农户和承担农业保险业务的保险机构进行财政补贴及政策扶持，以推进政策性农业保险的发展。各级参与政府能否按照国家政策规定足额进行农业保险保费补贴和其他政策性优惠将直接影响农业保险运行绩效，是农业保险监管的核心组成部分。政策执行效率指标主要包括执行内容指标和执行机制指标，其中执行内容包括政府补贴总量、补贴标准、补贴比率、落实效率等指标，执行机制指标包括执行制度供给、执行机构设置、执行人员构成、执行方式选择、执行标准制定等指标。

（2）政府协调效率指标。经济职能是市场经济条件下政府的重要职能，新时期政府需要不断转变其经济职能，由过去的组织管理变为现在的协调服务。政府参与到农业保险中，作为农业保险主要参与主体，除了承担财政补贴职能外，协调各个部门也是其重要职能。农业保险的运行和监管涉及许多部门，如财政、税收、农业、金融等，由于目前缺乏一个统一的执行机构和机制，各部门协调效率很低，因此，政府协调效率指标是农业保险监管有效性的重要方面。政府协调效率指标主要包括协调机制指标和实现机制指标两方面。

农业保险监管的特殊性、涉及范围的广泛性、保险监管目标的多样性等，决定了农业保险监管的复杂性，因此，上述衡量指标并不完善，有的可以具体量化，有的则只能抽象描述，有的还不一定准确科学，这些都需要在未来实践中不断完善。但目前来看，这些指标体系还是相对科学完整的，通过具体与抽象方法、宏观与微观视角，是可以比较全面地对我国农业保险监管有效性作出科学评价的（董辉，2010）。

## 3.3　农业保险监管有效性的衡量原则与衡量工具

农业保险监管有效性既包括对效益的需求也包括对效率的需求，效益追求总体结果、效率追求具体过程，效益中蕴含效率，效率中蕴含效益，两者都通过对投入与产出的比较进行衡量，所不同的是效益是从总体上衡量投入与产出的关系，效率是从具体中对比投入与产出的关系。效益与效率统一于降低监管成本、提高监管收益、实现资源配置最优化，推动农业保险可持续发展，最终促进经济增长最大化和社会福利的绝对提高。

### 3.3.1　农业保险监管有效性的衡量原则

农业保险监管有效性的衡量原则是指评价农业保险监管是否达到监管目标、实现监管任务而必须遵循的宏观准则，也是进行农业保险监管有效性具体衡量的指导思想，目的是提高农业保险监管的效益与效率。

### 1. 依法监管与灵活监管的原则

农业保险监管是国家农业保险监管机构依据相关法律制度对农业保险主体及其行为的监督与管理，所以，依法监管是农业保险监管有效性的首要衡量原则。法律是国家意志的体现、制度供给体系的核心，是靠国家强制力实现的。这里的法是广义的，不仅包括全国性法律，也包括地方性和部门的法规、规章，还包括具体执行细则等。保险监管机构必须依法进行监管，保险机构也必须依法接受保险监管机构的监管。同时，基于目前制度供给的缺失，农业保险的依法监管必须与灵活监管相结合，体现监管的主动性与创造性，才能真正提高农业保险监管的有效性。

### 2. 传统监管与创新监管相结合原则

目前我国已初步形成以偿付能力、公司治理、市场行为作为支柱的保险监管框架，农业保险监管也已形成具有自身特点的监管方式。在农业保险现场监管方面，监管工作方式有现场查勘照片、查勘记录、气象证明等材料；在非现场监管方面，监管工作方式以会计科目监管为核心。这些传统的监管方式从监管实践中产生，取得非常实在的效果。但随着信息技术和保险业信息化的日益发展，数据失真、信息安全、经营违规等保险信息系统风险日益凸显，信息化监管成为提高保险监管效率的重要途径和发展趋势，保险监管创新势在必行。因此，必须坚持传统监管与创新监管相结合原则。

### 3. 风险救济与风险防范相结合原则

保险业是经营风险的特殊行业，农业保险监管的有效性首先体现在风险救济方面，能够尽量减少风险发生的损失，更体现在对风险防范方面。只有准备好足够的风险防范措施，才能降低监管成本，更好地管理农业风险。所以，农业保险监管的有效性必须坚持风险救济与风险防范相结合原则。

### 4. 内部自我监管与外部强制监管相结合原则

从广义上看，农业保险监管应该包括保险机构内部自我监管和监管机构外部强制监管。保险机构内部的自我监管在于提高内部控制能力，以规范经营、化解风险，提高运行的有效性；外部监管以促进保险机构规范内部经营为目的，不干涉保险机构内部经营，配合内部监管，促进整个保险市场的可持续发展。所以，农业保险监管的有效性必须坚持内部自我监管与外部强制监管相结合原则。

**5. 综合性监管与专业性监管相结合原则**

提高农业保险监管有效性，首先必须坚持综合性监管原则，即要求农业保险监管机构针对不同情况，采用法律、经济、行政等多种监管手段，以应对农业保险市场的多变性与复杂性。同时，又要根据不同情况的侧重点，进行重点领域的专业性监管，如信息化监管。

**6. 严格准入与适度竞争相结合原则**

农业保险是政策性保险，为确保政策运行的有效性，在市场准入方面必须坚持严格制度规范，并且进行整体把控，确保供需均衡。但同时，也必须根据实际情况，引入适度竞争，使农业保险经营机构之间和不同农业保险产品之间形成有效竞争，促进保险业的公平竞争以及防范风险基础上的保险创新，以提高农业保险供给的有效性。

**7. 结果监管与过程监管相结合原则**

基于农业保险监管有效性含义和目标分析，其监管不仅包括对结果的监管，以提高整体效益，也包括对全过程的监管，以提高具体运行效率（董辉，2010）。

**8. 静态监管与动态监管相结合原则**

农业保险监管有效性的内涵中已经包含农业保险监管对静态制度供给目标和动态制度执行目标的需求，是静态监管与动态监管的有机统一，以静态监管为基础，以动态监管为核心。

## 3.3.2　农业保险监管有效性的衡量工具

农业保险监管有效性的衡量工具是指根据农业保险监管有效性衡量指标体系，用于评价、衡量、测度农业保险监管效益与效率的经济学、管理学、法学等相关学科的研究方法和分析工具，农业保险监管的制度分析理论决定农业保险监管有效性衡量工具的选择。

**1. 制度变迁分析工具**

制度变迁是新制度经济学的重要分析工具。新制度经济学认为，制度是农业保险监管形成的基础，制度变迁分析是农业保险监管有效性的重要测度工具。基于成本收益分析，当现存制度并非社会净效益最大的制度安排时，出现制度非均衡状态，制度供需主体就会产生对更优制度安排的需求，因此制度变迁就必然发生。制度变迁是一种制度框架的创新和被打破，即新制度（或新制度结构）产生、替代或改变旧制度的动态过程，制度变迁从一定程度上讲就是帕雷托改进的过程（卢现祥，2003）。

农业保险监管有效性的核心包括两个方面，即农业保险监管制度的供给和农业保险监管制度的执行，无论是哪一方面，制度变迁分析都是非常重要的。制度变迁分析工具就是应用制度变迁理论，首先分析我国现有农业保险监管制度存在的有效性，包括制度供给、制度需求、制度均衡分析，其次根据制度均衡分析结论，探讨我国农业保险监管制度变迁的条件、动力、范围、类型、诱因、主体、方法、方式等因素，最后在对农业保险发达国家农业保险监管进行制度变迁分析的基础上，提出提高我国农业保险监管有效性的制度构架和执行建议。

### 2. 成本效益分析工具

成本效益分析（cost-benefit analysis）是经济学的一个重要分析工具，它通过比较项目全部成本和效益的分析方法，评估项目价值。19 世纪法国经济学家朱乐斯·帕帕特在其著作中首次提到成本效益分析的概念，朱乐斯·帕帕特称成本效益分析方法为"社会的改良"。其后，意大利经济学家帕雷托对成本效益分析方法这一概念进行了重新界定，使之成为非常有影响的主流经济学分析方法。到 1940 年，美国经济学家尼古拉斯·卡尔德和约翰·希克斯在前人理论的基础上，通过加工、提炼和创新，最终形成"成本-效益"分析的理论框架，即卡尔德-希克斯准则，从而在经济学、管理学、法学，尤其是在政府决策领域得到广泛应用。成本效益分析的基本原理与分析方法是，为考量某一具体项目的可行性，根据该项目的支出目标，首先提出实现该目标的若干实施方案，然后运用一定的技术方法（如计量模型、沙盘推演等），计算或推演出各方案的成本和收益，再通过对比分析方法，并依据一定原则，综合权衡，选择最优的决策方案。

成本效益分析作为一种实用的经济决策方法，广泛运用于政府部门，主要用于论证某些具体项目的可行性，或者评估某些需要量化（并能够量化）社会效益的公共事业项目的价值。对于非政府部门，成本效益分析也可用于某一大型项目的无形收益（soft benefits）评估，通过分析评估，可以预知未来某项公共政策即将执行的可行价值或者过去某项公共政策已经执行的运行绩效，以寻求在公共政策决策上如何以最小的成本获得最大的收益。其分析方法是主要分为三步，第一步是分析投入成本，包括直接成本和间接成本，第二步是分析收入效益，包括经济效益和社会效益，第三步是进行综合比较分析[①]。

农业保险监管作为政府职能的重要组成部分，其运行同样需要成本投入。农业保险监管机构对农业保险市场采用放松监管、正常监管、加强监管等不同策略，不仅直接影响监管成本的不同投入，而且间接影响农业保险市场创新能力、规范经营水平和市场拓展能力等。如果不应用成本效益分析，对农业保险监管成本投入与效益产出等相关指标作出具体量化，很难客观全面地评价农业保险监管的有效性。因此，成本效益分析是农业保险监管有效性的重要衡量工具。

### 3. 主体博弈分析工具

博弈论（game theory）是矛盾和合作的规范研究（肖条军，2004），属于应用数学的一个重要分支，也是运筹学的一个重要学科，也称为"对策论"或者"赛局理论"等，目前已从应用数学领域扩展到很多领域，在生物学、经济学、法学、法经济学、计算机科学、国际关系学、政治学、军事战略等很多学科得到广泛应用，尤其是在经济学领域，博弈论已成为其标准分析工具之一。博弈分析方法是指应用数理方法，通过构建公式化的激励结构，分析博弈主体间的相互作用及其决策机制，以探讨最优策略的方法。根据不同的标准，可分为合作博弈与非合作博弈、静态博弈与动态博弈、完全信息博弈与不完全信息博弈等，目前经济学领域一般是指非合作博弈[②]。一个完整的博弈一般应当包括博弈参加者、博弈信息、博弈方可选择的全部策略集合、博弈次序、博弈方收益等内容。

农业保险涉及三方参与主体，即保险公司、投保农户、参与政府，三方主体本身就存在利益博弈关系，包括保险公司与投保农户、投保农户与政府、政府与保险公司之间的互动博弈。农业保险监管则是农业保险监管主体与农业保险参与主体之间的利益博弈，通过建立农业保险监管机构与被监管主体之间的博弈模型，分析其相互关系，评价现行农业保险监管制度的有效性，提出最优监管决策方案。

以上三种主要分析工具往往不是互相独立的，而是互相联系、互相渗透的，无论是哪种情况，制度变迁的分析工具都离不开制度经济学成本收益分析

---

① http：//baike. baidu. com/view/1030548. htm.
② http：//baike. baidu. com/view/18930. htm#3.

这一最基本的分析工具，而成本收益分析往往渗透着博弈分析。农业保险监管是一个涉及多学科理论的综合性问题，必须根据不同阶段的具体情况，按照农业保险监管有效性衡量指标体系，选择性应用或者综合性应用这些衡量工具，才能获得科学的评价结论（冯文丽，2004）。

# 第4章
# 我国农业保险监管有效性的
# 宏观分析

基于农业保险监管有效性目标体系和宏观效益衡量指标体系分析，农业保险监管制度供给是决定农业保险监管有效性的基础和前提，是其宏观效益考量的重点内容。在现有制度供给前提下，分析农业保险监管宏观目标（或根本目标）实现情况则是考量我国农业保险监管有效性宏观效益的关键，而对宏观目标整体实现的成本收益分析则是评价我国农业保险监管有效性宏观效益的核心工具。本部分内容试图从农业保险监管制度需求与供给、农业保险监管执行的成本收益、农业保险监管的宏观目标实现三个相互联系相互制约的方面，综合评价我国农业保险监管有效性的宏观效益。

## 4.1 农业保险监管制度需求与供给分析

诺斯认为，制度是一种用以限制和规范人们行为的社会博弈规则体系，经济学家所言"制度"一般是指制度安排（林毅夫，1998）。农业保险监管从本质上看就是一种制度安排，这种制度安排既包括静态的制度供给，也包括动态的制度执行，其中制度供给是前提。农业保险监管制度是监管机构在对农业保险运行实施监管过程中所依据的一系列制度体系的总称。农业保险监管制度供给既包括正式制度供给，也包括非正式制度供给，其中正式制度是指由国家制定和认可的一系列规则体系，如法律、法规、制度、政策、格式合同以及其他规范性文件等，是目前主要的制度供给来源；非正式制度是指未经国家制定和认可，但得到社会广泛自发认可的一系列规则体系，如风俗习惯、历史传统、道德情操、价值观念、意识形态等，是正式制度的补充、扩展、细化以及限制；正式制度和非正式制度对经济发展的作用不可分割的，两者相容才能发挥作用，正式制度可以保证非正式制度的实施，非正式制度可以弥补正式制度的遗漏（卢现祥，2003）。由于新制度经济学制度变迁理论能够解释制度出现的效应和预测制度改变导致的后果，可以进行制度有效性分析，所以本书对农业保险监管有效性的分析实质上是对其制度安排有效性的分析，对其宏观效益衡量则主要通过对制度安排中的制度供给分析而实现（李薇，2011）。由于农业保险具有政策性，本书中农业保险监管制度主要指正式制度，包括全国性、地方性和行业性三个层面。制度供给往往离不开制度需求，制度供给与制度需求的不一致将产生制度非均衡，从而引起农业保险监管制度变迁。

## 4.1.1 农业保险监管的制度需求

制度需求是制度供给的动力，也是制度供给的目标，而潜在的利润需求则是制度需求和制度变迁的诱致因素。当现行制度安排无法满足制度供需主体更多逐利欲望时，即按照成本收益分析现存制度并非社会净效益最大的制度安排，制度供需主体必然会产生对能够满足其更高潜在利润的更优制度安排的需求。

我国农业保险自 1982 年恢复试办以来，已走过 30 余年的历程，2004 年开始的中央补贴保费的政策性农业保险破题试点，使我国农业保险进入快速发展阶段，农业保险保费收入不断增加，由 2006 年的 8.7 亿元猛增到 2014年的 325.7 亿元；农业保险试点省份逐步扩展，2007 年仅有 6 个，到 2012年开始适用全国；农作物保险试点险种不断增加，由最初的 6 种扩大到 15种，并且逐步开发和推广"菜篮子"产品价格保险、天气指数保险、小额信贷保证保险、农房保险、农产品质量保证保险、农业基础设施保险等新型险种；中央财政补贴范围不断扩大，已建立"15+X"的补贴架构，推动发展地方特色农产品的农业保险；适度竞争的市场环境正在逐步形成，一些保险公司纷纷进入农业保险市场，经营农业保险业务的保险公司已由 2008 年的 7 家升至 2013 年的 25 家，每个省市均有 2~3 家保险公司获得农业保险经办资格；同时，农业保险经营组织形式不断创新，开始推动农村相互保险试点，补贴力度不断加强，参保面占比稳步提高。因此，农业保险宏观上已取得阶段性成功，保监会预计，到 2020 年，实现农产品价格保险覆盖主要大中型城市，农业保险基层服务体系基本覆盖 60% 的农业占比较大乡镇。但是，我国农业保险在经历 2007~2009 年井喷式增长后，2010 年农业保险发展步伐明显减慢，除种植业保险业务保持 8% 的增长速度之外，养殖业保险业务减少 30% 左右。2011~2013 年，再次出现同比 30% 以上的增长速度，到 2014 年，农业保险的保险费增长速度又出现较大滑坡，同比增长只有 6.2%，农业保险费的收入占财产保险行业保费收入的 4.9%，这与前几年保险费收入高速增长相比，有较大差距。我国农业保险经营实践显现出新的矛盾和深层次问题，农业保险业面临新的挑战，监管的相对滞后日益凸显，影响农业保险的可持续发展。

制度是农业保险监管形成的基础和依据。农业保险监管的相对滞后显示，我国虽然已经出台了《农业保险条例》，使发展了 30 余年的农业保险终于有了法律上的依据，对我国农业保险的发展具有重大里程碑意义，但是该条例仍然有许多值得商榷和完善的地方，如关于农业保险性质的定位等，尤其是该条例的法律层次还是属于行政法规，还没有上升到上位法律的层次；另外，关于农业保险及其监管的具体细则也还没有出台，缺乏农业保险监管实现机制；各个地方性法规和规章也还很不统一，不具有全国性效力，等等。正因为如此，在现有制度安排下，农业保险监管已经无法使制度供需双方获得更高潜在利润，它无法解决目前农业保险监管失灵的问题、无法促进农业保险监管效率提高、无法实现农业保险可持续发展的目标，我国农业保险及其监管出现制度缺失瓶颈，制度供需双方产生对更优农业保险监管制度安排的需求，也必然会引起我国农业保险及其监管的制度变迁。基于目前的农业保险监管失灵的实际，这种制度需求集中表现在三个方面：其一是基于提高农业保险监管有效性防范农业保险监管失灵的基本制度需求，这是基础性的需求，是刚性需求，核心是《农业保险法》与《农业保险监管条例》等基本制度；其二是基于提高农业保险监管制度执行效率的农业保险监管制度创新需求，包括农业保险监管执行细则、农业保险信息化监管制度、农业保险监管主体制度、农业保险监管协调与实现的相关制度等；其三是基于实现农业保险可持续发展目标的农业保险监管制度变迁需求，包括农业保险补贴与政策优惠制度等。

## 4.1.2 农业保险监管的制度供给

从宏观上看，农业保险监管的制度供给直接影响农业保险监管有效性提高，直接决定农业保险监管的制度需求程度，直接推动农业保险监管制度变迁。基于法与经济学和新制度经济学视角，依据制度调控范围，对我国农业保险监管制度供给的评价主要从三个效力层次进行，即农业保险监管的全国性制度供给、农业保险监管的地方性制度供给、农业保险监管的具体操作性制度供给，三者共同构成我国农业保险监管的立体制度供给体系。

**1. 农业保险监管的全国性制度供给**

农业保险监管的全国性制度供给是指由中央级国家机构制定和认可的正式规则，如适用于全国性的宪法、法律、政策等，按照制定和认可的机构不同，可以分为四个层次，一是由中共中央制定的适用于全国的政策性文件，二是由全国性立法机关制定和认可的法律制度，三是由中央行政机关制定和认可的全国性行政法规和行政规章，四是由中央司法机构制定的相关司法解释。这四个层次的制度供给构成我国农业保险监管的全国性制度供给体系。

基于我国的政治体制和农业保险的特点，农业保险及其监管的制度供给一般是从中央的政策开始，政策是我国农业保险监管制度供给的重要组成部分，也是法律制度形成的原则指导和内容来源。自1982年恢复试办农业保险以来，我国农业保险的发展在经历了试办、恢复、萎缩之后，于2004年进入快速发展阶段，新一轮政策性农业保险试点工作开展得红红火火。在政策供给方面，2004~2014年，连续11个中共一号文件都提出政策性农业保险，有的以政策性农业保险为主题，积极扩大农业政策性保险的试点范围，稳步推进农业政策性保险试点工作，为农业保险的快速发展提供了政策保障，如2004年中央一号文件提出"加快建立政策性农业保险制度，选择部分产品和部分地区率先试点，有条件的地方可对参加种养业保险的农户给予一定的保费补贴"、2010年中央一号文件提出"积极扩大农业保险保费补贴的品种和区域覆盖范围，加大中央财政对中西部地区保费的补贴力度。鼓励各地对特色农业、农房等保险进行保费补贴。健全农业再保险体系，建立财政支持的巨灾风险分散机制"、2015年中央一号文件提出，"积极推动农村金融立法，促进农业保险健康发展"，等；自2007年开始，中央一号文件连续8年提出建立农业保险大灾风险分散制度，2014年国务院出台《关于加快发展现代保险服务业的若干意见》（即"新国十条"），再次提出建立农业保险大灾风险分散制度，等等。应该说，从中央政策供给情况看，我国农业保险及其监管得到国家的高度重视，内容相对比较完善。

政策具有灵活性和临时性，需要通过立法形式予以固定，即需要法律制度供给。目前，我国农业保险监管法律制度总体供给不足，尚未形成系统的农业保险监管法律制度体系，突出表现在缺乏相关全国性法律制度规定，尤其是农业保险基本法。调整我国农业保险及其监管的基本法律主要是《中华人民共和国保险法》《中华人民共和国农业法》《中华人民共和国合同法》等，但是均无与农业保险相关的详细规定，只有一些操作性不强的原则性规定，如《中华人民共和国保险法》（2009年修订）规定"国家支持发展为农业服务的保险事业，农业保险由法律、行政法规另行规定”等，但从该条内容看，“农业保险由法律、行政法规另行规定”，也就是说《保险法》是一部商业保险法，不适用于农业保险及其监管，其具体内容也无农业保险及监管的相关规定，而实践中却完全套用《保险法》中关于商业保险监管的规则。又如《中华人民共和国农业法》（2002年修订）规定“国家逐步建立和完善政策性农业保险制度”，这是我国从立法上第一次对农业保险作出原则性规定，但其中对农业保险及其监管并无具体操作性规定；除此之外，农业保险监管还有一些相关性法律制度，因监管主体不同而散见于其他各个部门法之中，如《审计法》、《会计法》、《监察法》等。虽然农业保险监管也属于保险监管范畴，在一般原理上与商业保险监管相通，但基于农业保险的政策性、农业保险监管目标的特殊性、农业保险监管过程的复杂性，农业保险监管不同于一般商业保险监管，其监管制度供给与制度执行等方面也应体现自身特点。

除政策和法律外，我国行政机构具有行政立法权，中央行政机关及其部门出台的行政法规、行政规章是我国农业保险及其监管的重要制度供给，在一定程度上弥补了法律供给的不足，丰富了制度体系的内容。目前，行政立法最大的成果就是国务院于2012年10月24日讨论通过的《农业保险条例（草案）》，该法的出台结束了我国30余年来农业保险发展无法可依的现状，使我国农业保险及其监管终于有了法律上的依据，具有里程碑意义。但这部千呼万唤始出来的行政法规，仍然存在许多争议，尤其是关于农业保险属于“有国家补贴的商业保险”的性质定位，同时，虽然通过法律构建了一个由国务院牵头多部门参与的农业保险协调机制，但仍然需要一个高效的执行机制和实现机制。除此之外，部门规章也是农业保险监管制度供给的重要来源。保监会和财政部颁布了一系列保险业监管文件，如《保险公司偿付能力额度及监管指标管理规定》（保监会颁布，2003）、《保险公司偿付能力管理规定》（保监会颁布，2008）、《关于规范政策性农业保险业务管理的通知》（保监会颁布，2009）、《关于进一步加大支撑力度，做好农业保险保费补贴工作的通知》（财政部颁布，财金〔2012〕2号）等，这些制度内容涉及农业保险监管的目标、内容、范围、措施、机构等许多方面，是农业保险监管的重要执行依据，对提高农业保险监管的有效性、促进农业保险的可持续发展具有重要作用。其不足主要表现在对农业保险监管的具体操作性内容规范过少，带有商业保险监管的痕迹，还需要不断深入和完善，尤其是这些行政法规、政策性文件和部门规章需要通过实践验证，上升到更高效力的法律层面，才能对农业保险及其监管起到更大的推动作用。

除上述内容外，中央司法机构制定的司法解释也是农业保险监管制度供给不可缺少的组成部分，但目前相关内容甚少。

**2. 农业保险监管的地方性制度供给**

农业保险监管的地方性制度供给是指由地方立法机构、行政机构、司法机构等出台的相关制度、主要地方性法规和地方性政策供给。我国农业保险基本法的缺失必然影响农业保险监管的有效性，但全国各试点地区基于本地实践，也制定了其本地农业保险监管的地方性法规，使监管机构在推行农业保险过程中的监管工作有法可依，为农业保险监管的发展提供了宝贵的实践经验。在这一领域走在全国前列的有上海、吉林、新疆等。上海是我国农业保险试点比较成功的地区，也是国内农业保险发展比较好的地区，其成功之处不仅在于上海市委市政府思想上的高度重视，更在于上海出台一系列关于农业保险发展及农业保险监管方面的制度规范。例如，2000 年，上海市农业委员会、上海市经济体制改革委员会就出台《关于推进上海农业保险工作若干意见》，为上海市农业保险发展奠定了最初的制度基础，同年上海市政府转发该意见；又如，2005 年年底，上海市政府出台《关于进一步推进上海农业保险工作的意见》，稳定了农业保险的发展政策（孟春，2006）。东北三省是我国重要的农业生产基地，也是我国农业保险试点地区，在政策支持和制度供给方面，吉林省通过连续多次出台省委一号文件，以扶持地方性专业农业保险公司的形式促进农业保险发展，取得一定成效。新疆生产建设兵团农业保险的试点非常成功，在实践中通过农业保险的行政支持体系确定农业保险为灾害保障的基本制度，连续 7 次发文支持农业保险，并且出台一系列的地方性法规和规章（贺姝劭，2007）。以上这些地方的规章和政策对整体农业保险监管制度供给提供了较好的实践基础，但由于缺乏全国性的基本法，其效力大打折扣（贺姝劭，2007）。

**3. 农业保险监管的具体操作性制度供给**

基于我国农业保险监管的现有体制和模式，加之《农业保险法》和《农业保险监管法》尚未出台，上位的农业保险监管制度体系仍未形成，《农业保险条例》虽然已经出台，其具体操作细则也还没有形成，相关操作规则仍然按照一般商业保险模式进行，遵循商业保险监管细则，导致农业保险监管缺乏针对性，削弱了农业保险监管的有效性。

## 4.1.3 农业保险监管的制度均衡

制度非均衡是制度变迁的诱致因素，从制度供给的层面看，制度非均衡一般分为制度供给不足型非均衡和制度供给过渡型非均衡。基于对我国农业保险监管的制度供给和制度需求分析，我国农业保险监管总体供给不足，处于非均衡状态，尚未形成系统的农业保险监管法律制度体系，属于典型的供给不足型非均衡。

从制度供给层面看，我国农业保险监管陷入困境、监管失灵（或者说监管不足）的根本原因是制度缺乏。通过以上我国农业保险监管制度供给分析不难看出，我国农业保险监管从正式制度供给方面分析，首先，缺乏最基本的制度依据——农业保险及其监管的基本法，农业保险的监管按照一般商业保险监管进行，对不同属性的保险类别应用同一种监管制度，其效力不高是必然的；其次，我国农业保险监管缺乏具体操作细则和多部门协调机制方面的制度性规定；再次，我国农业保险监管缺乏立体的制度体系供给和实现机制方面的制度性规定，等等。我国农业保险监管从非正式制度供给方面分析，受我国传统习惯和政治体制等方面的影响，良好的道德意识、高效的自我执行意识、诚信意识等不足、行业性制度匮乏、自律意识差，也从一定程度上影响了我国农业保险监管的有效性。造成这种现状的原因是多样的，其中主要原因是受制度供给成本约束和制度供求主体差异的约束，同时也受制度供给时滞因素影响。具体而言：从制度供给成本看，这里的制度供给成本不仅包括新制度规划设计成本，也包括旧制度废除成本，还包括组织实施成本、随机成本及其他成本等（张曙光，2003），不仅包括有形成本，也包括无形成本，制度供给成本一般是高昂的，尤其是立法成本，往往需要投入大量的人力、物力、财力和时间；从制度供求主体差异看，监管制度意味着不同主体利益的重新分配，如果制度供求主体是一致的，将有助于加快制度供给活动的完成，否则制度供给进程将十分缓慢甚至停滞，我国农业保险监管制度必然涉及监管机构、参与政府、保险公司、投保农户等主体利益分配，保全一方利益对另一方利益必然有影响，即使是被监管者三方的利益也是不一致的，因此，影响农业保险监管制度供给的效率；从制度供给时滞因素看，由于受认知和组织时滞、发明时滞、菜单选择时滞和启动时滞的影响，制度创新往往滞后于潜在利润的出现，我国农业保险监管制度供给也是如此（冯文丽，2004）。

从制度需求层面看，我国农业保险监管有强劲的制度需求。基于监管者的考虑，农业保险监管机构由于缺乏制度依据，在农业保险监管行为中，其合法性、权威性、规范性等受到质疑，迫切需要制度供给；从被监管者角度考虑，无论是承担农业保险业务的保险公司、参与农业保险的农户，还是参与农业保险补贴的各级政府，同样担心其行为得不到国家法律及政策的认可，其稳定性、合法性、持续性等得不到保障，也急需相关制度出台。

综上所述，我国农业保险监管制度供给不足、制度需求强劲，处于制度非均衡状态，制度供给严重滞后于制度需求，属于典型的供给不足型制度非均衡。

# 4.2 农业保险监管执行的成本收益分析

成本收益分析既是我国农业保险监管有效性的重要分析工具，也是我国农业保险监管有效性的重要评价指标。通过对我国整个农业保险监管的成本与收益的比较分析，可以从宏观上判断我国农业保险监管有效性的现状。

## 4.2.1 农业保险监管的收益

### 1. 农业保险监管收益的具体内容

农业保险监管收益的具体内容主要包括农业保险监管过程中农业保险监管对农业保险市场发展、对"三农"经济的推动、对整个国民经济的贡献以及对社会主义新农村建设和社会主义和谐社会构建等方面的收益。其中，农业保险监管对农业保险市场发展的收益主要是通过对农业保险市场发展规模的比较分析、对农业保险发展密度深度的比较分析等途径获取，是保险监管最直接的收益；对"三农"经济推动的收益主要通过考量农业保险监管对农民收入、农业生产、农村经济等指标获取；对整个国民经济贡献的收益主要通过对农业保险监管下农业保险市场发展对国民生产总值和金融业等贡献的分析获取；对社会主义新农村建设和社会主义和谐社会构建的收益主要通过对农村社会保障水平和城乡统筹发展等比较分析获取。由此可见，农业保险监管的收益包括经济效益和社会效益，经济效益可以物化为货币进行衡量，而社会效益就很难物化为货币进行衡量，只能通过描述性和对比分析获取（李薇，2011）。

### 2. 农业保险监管收益的边际收益递减性

国家为实现农业保险监管目标，一般通过以立法为主的制度性行为和以执法为主的行政性行为实现，这两种监管行为的力度及结构决定农业保险监管收益。为便于分析，本书将这两种监管行为的力度抽象为农业保险监管力度（用 $x$ 表示），并且暂时不考虑监管力度内部结构（即立法监管与执法监管各自比重）的影响，只进行综合度量，即监管当局颁布的规章制度越是严格，为保证规章制度得以贯彻而实施的检查越频繁、实施的处罚越严厉，保险监管的力度也越强（吴九红，2005）。如果用横轴 $x$ 表示农业保险监管力度，纵轴 $y$ 表示农业保险监管收益 $I$，就可以绘出农业保险监管力度函数 $I(x)$（图4-1）。

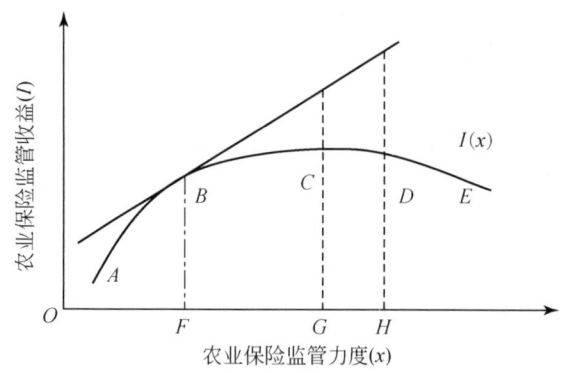

图4-1　农业保险监管的边际收益递减性图

从图4-1中可以看出，当农业保险监管力度处于 $OF$ 阶段时，$I(x)$ 斜率最大，此时农业保险监管不足，对应监管收益曲线 $I(x)$ 的 $AB$ 段，需要增加农业保险监管投入、加大农业保险监管力度，满足投保农户对农业保险安全稳定需要的效果非常明显；当农业保险监管力度处于 $FH$ 阶段时，$I(x)$ 斜率逐步递减直至为负，此时农业保险监管充足，但是农业保险监管收益已经处于相对平衡，对应监管收益曲线 $I(x)$ 的 $BD$ 段，也就是说，此时再增加农业保险监管成本投入，其农业保险监管收益增长呈递减性趋势，尤其是当农业保险监管在这一阶段目标已经实现，农业保险业处于可持续发展阶段时，人们对农业保险业稳定安全需求的满足程度不再随监管投入的增加而增加，即使增加也很不明显；当农业保险监管处于 $H$ 之后的阶段时，$I(x)$ 斜率为负，此时农业保险监管过度，对应监管收益曲线 $I(x)$ 的 $DE$ 段，也就是说，此时越是增加农业保险监管成本投入，提高监管力度，就越可能限制创新，带来新的抑制和监管成本，或促使农业保险企业不顾一切违规经营、俘获监管者，导致市场秩序混乱，以致农业保险监管收益下降，极端情况下甚至可能产生负收益。这时社会不得不支付昂贵的保险监管过度代价，即处于监管过渡阶段。

### 3. 我国目前农业保险监管收益

由于农业保险具有更多的保障功能和政策属性，而保障功能和政策属性的很多方面是无法直接进行定量分析的，所以农业保险监管收益也不能用一般的商品估价方法来衡量，其收益突出表现在对可能出现的农业风险的避免、对国家政策补贴的配置效率上，由此决定了人们更愿意从避免灾难、减少损失等角度来考虑农业保险监管的收益。

由于我国自 2004 年以来试点有中央补贴的农业保险，在政策性支持下，农业保险获得长足发展，尤其是 2012 年，我国有中央补贴的农业保险在全国展开，农业保险取得宏观上的初步成功，在这一背景下，农业保险监管的重点，一是促进政策补贴的落实和配置效率，二是规范农业保险机构的经营行为和投保农户的投保理赔行为。基于目前的国情和农业保险监管力度函数分析，我国处于农业保险监管力度不足时期，农业保险参与主体存在不规范问题，如政府补贴不到位、保险公司不规范经营、农户的逆向选择与道德风险等，迫切需要加强农业保险监管。

农业保险监管力度的加大，促进了农业保险监管收益的增加，微观上表现在通过对农业保险参与主体的监管获得收益方面，包括农业保险监管成本的增加，有利于提高国家补贴落实的效率，推动农业保险的大发展；有利于规范农业保险监管的经营行为，提高农业保险运行的质量，为农业产业提供风险保障；有利于规范投保农户的投保行为，提高农业保险资金的运行效率等。宏观上表现为对"三农"的发展、国民经济的贡献、社会主义新农村和社会主义和谐社会建设的推动等，因此，其既包括可以具体测度的经济效益，也包括只能够宏观描述的社会效益。

## 4.2.2 农业保险监管的成本

### 1. 农业保险监管成本的具体内容

农业保险监管的成本主要包括农业保险监管过程中的直接投入成本、间接损失成本以及其他成本，直接投入成本包括监管制度安排成本和监管制度执行成本。监管制度安排成本是指国家立法机构和农业保险监管机构为制定和实施各类监管制度安排，以维持保险监管体系正常运行而付出的成本，主要包括国家立法机构制定农业保险监管法律制度的成本、政府依法构建农业保险监管体系的成本、农业保险监管部门收集有关监管信息制定监管细则的成本，以及在农业保险监管制度安排过程中耗费的人力与物力，如职员工资、津贴、信息收集费、调研费、教育培训费以及其他确保监管系统日常运作的费用等，因此，监管制度安排成本可以用货币表示，实际上是容易计量的会计成本。监管制度执行成本是指监管机构和被监管者为执行监管制度而耗费的成本，主要包括农业保险监管机构设置成本及监管运行成本，以及被监管者为配合监管机构工作而耗费的成本，前者如监管机构办公成本、监管人员工资福利和教育成本、监管过程成本等，后者如保险机构配合监管所支出的参与人员工资、占用场所、雇佣专家及业务损失等成本，这些成本也都是可以物化成货币的成本，是可以衡量的。间接损失成本是指除监管制度安排和监管制度执行等直接成本之外，在农业保险监管执行中导致间接损失所耗费的成本，主要是由保险监管行为造成的实际社会福利损失，包括对低效率保护的效率损失、道德风险导致的效率损失、逆向选择导致的效率损失、合规经营成本等（董辉，2010）。农业保险监管的间接成本中的大部分指标很难直接用物化成本衡量。

**2. 农业保险监管成本函数**

在农业保险监管运行中，其直接投入成本是可以通过具体数据衡量的，提高农业保险监管力度也就意味着监管直接成本的投入，因此农业保险监管的直接成本是随监管力度的提高而增加的，两者呈正相关，为方便分析，可以把它看成一条向右上方延伸的直线 $C_d(x)$，且边际成本递减，如图 4-2 所示。

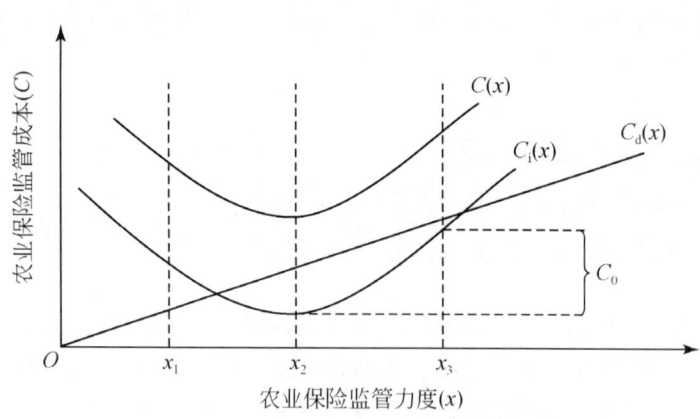

图 4-2　农业保险监管成本曲线图

由于农业保险监管的间接成本的大部分指标一般很难直接用物化成本衡量，因此农业保险监管间接成本函数就相对比较复杂，为方便分析，只能将其抽象为一个呈 U 形变化的综合函数曲线 $C_i(x)$。从图 4-2 可以看出，农业保险监管不足所造成的社会效益损失随着监管力度的增加而不断下降，当到达理想监管程度时（即农业保险监管力度由 $x_1$ 增加到 $x_2$ 时），农业保险监管不足导致的损失额下降到最低点。但如果继续提高农业保险监管力度，出现农业保险监管过度时（即农业保险监管力度由 $x_2$ 增加到 $x_3$ 时），就会出现农业保险监管成本不必要的急剧增加。农业保险监管力度由 $x_2$ 增加到 $x_3$ 所反映出来的成本差为 $C_0$，这说明农业保险监管过度与不足都是要力求避免。将图 4-2 中 $C_d(x)$ 与 $C_i(x)$ 进行叠加，构成农业保险监管成本曲线 $C(x)$，它说明农业保险监管投入不足或者过度所带来的社会总支出的运行轨迹。

**3. 目前我国农业保险的监管成本**

我国农业保险起步晚、发展快，特别是自 2004 年以来，由于国家政策性支持，农业保险发展迅猛，与此同时，农业保险监管滞后日显突出。其主要表现为农业保险监管法律制度体系缺乏、农业保险监管机构地位尴尬、农业保险监管制度执行效率不高等，因此，国家在农业保险监管法律制度体系的构建方面投入相当大的成本，及时出台一系列具体规定、规则。经过多年的努力，2012 年 10 月 24 日，国务院讨论通过《农业保险条例（草案)》，使我国农业保险及其监管有了专门的制度依据，走上法制化轨道；另外，目前我国农业保险的性质确立为"有国家补贴的商业保险"，其运行模式是坚持实行"政府引导、政策支持、市场运作、自主自愿和协同推进"的原则，因此，在监管机构设置方面一直没有设立政策性农业保险监管的独立机构，而是在保监会财产保险监管部下设农业保险监管部门，专司农业保险监管，并且将通过《农业保险条例》扩充保监会和农业保险监管机构的职权，建立多部门协调机制，相比设立独立的农业保险监管机构，节约了大量成本。通过投入大量的监管成本，加大农业保险监管力度，提高了农业保险监管效益，这在农业保险监管成本函数 $C(x)$ 里可以得到体现和验证。

## 4.2.3　农业保险监管的均衡

如果把农业保险监管成本曲线 $C(x)$ 和农业保险监管收益曲线 $I(x)$ 进行叠加，可以得到成本收益相抵消后的农业保险监管净收益曲线 $I_n(x)$，如图 4-3 所示。

由农业保险监管净收益曲线 $I_n(x)$ 不难发现，农业保险监管力度与农业保险监管净收益的关系表现为三个阶段，即监管不足阶段、监管适度阶段、监管过渡阶段。当农业保险监管处于不足阶段时，农业保险监管净收益为负值；当农业保险监管处于适度阶段时，农业保险监管净收益为正值；当农业保险监管处于过渡阶段时，农业保险监管净收益又为负值。

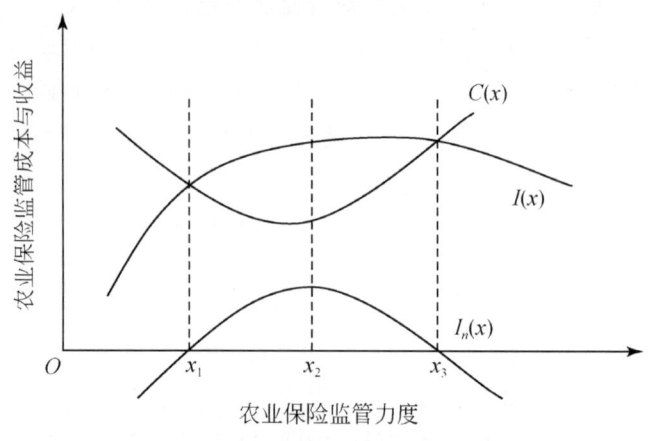

图 4-3　农业保险监管净收益曲线图

农业保险监管成本效益构成详见图 4-4。

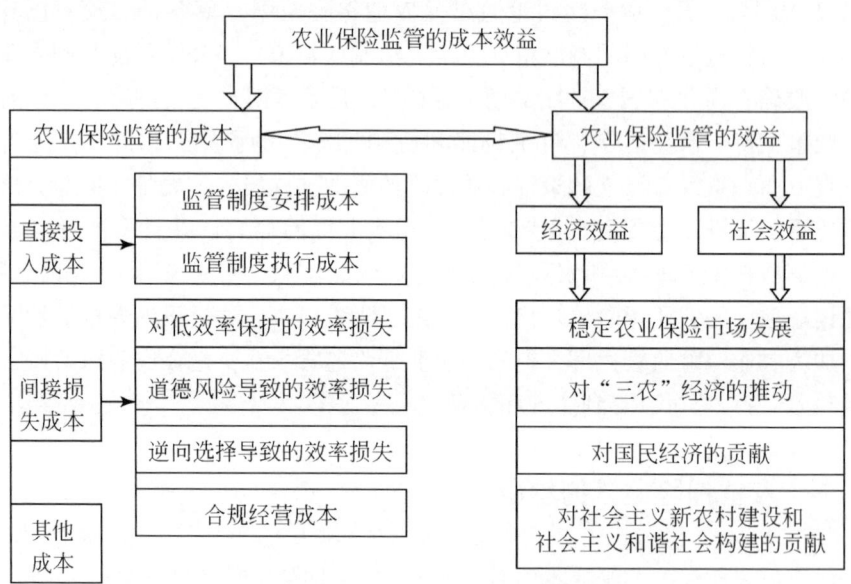

图 4-4　农业保险监管成本效益构成图

## 4.3　农业保险监管的宏观目标实现分析

　　农业保险监管目标与农业保险监管制度目标是一致的，在现有制度供给状况下，虽然农业保险监管制度供需处于非均衡状态，但在农业保险监管的宏观目标实现方面，无论是稳定农业保险市场的发展，还是在对"三农"经济的推动乃至对整个国民经济的贡献等目标方面，都取得很大进展。

## 4.3.1 稳定农业保险市场发展

从宏观上看，农业保险市场发展的情况主要是通过全国农业保险保费收入增长率、农业保险渗透度（包括农业保险深度和密度）和农业保险风险分散度等宏观指标衡量。

### 1. 农业保险保费收入增长率

保费收入是由投保人依据保险合同的约定，向保险人缴付保险费而形成的，从投保者角度看，保险费既是投保农户为形成共同风险保障而分摊的资金，也是投保农户为获得赔付请求而付出的代价；从保险公司角度看，保费收入是保险公司最主要的资金流入渠道，是保险资产增长的主要动力，同时也是保险人履行保险责任最主要的资金来源；从整个保险业角度看，保费收入是衡量保险市场发展和保险有效性的一个基本指标。农业保险虽然具有政策性、特殊性，但在衡量农业保险市场发展现状时，保费收入仍然是一个相当重要的指标。在农业保险监管介入的情况下，农业保险保费收入具有重要的现实意义，它不仅直接反映农业保险市场发展情况，而且也反映了国家政策支持和财政补贴的力度、农业保险所承担的风险分散度，进而反映出政策性农业保险宏观目标的初步实现情况，一般通过农业保险保费收入的增长度和农业保险保费收入在整个财产险中所占的比重来衡量。

我国农业保险的发展经历了试办、恢复、萎缩和快速发展几个阶段。这一发展历程证明，农业保险如果采取纯粹商业保险形式是行不通的。从 1993 年我国发展社会主义市场经济以来，农业保险出现了大幅萎缩，1992~2004 年，农业保险险种由 1992 年时的近百个下降至 2004 年的不足 30 个，全国农业保险保费收入由 1992 年 8.17 亿元下降到 2004 年 3.77 亿元，农业保险持续萎缩，引起中央高度重视。自 2004 年起，新一轮农业保险试点工作展开，中央一号文件连续 11 年高度关注政策性农业保险，并且提出发展农业保险的明确要求。自 2007 年开始，有中央补贴的政策性农业保险试点有了长足发展，全国农业保险保费收入由 2006 年的 8.7 亿元猛增到 2014 年的 325.7 亿元，我国政策性农业保险宏观上已取得阶段性成功，详见图 4-5。

从农业保险保费收入增长情况看，监管下的农业保险取得阶段性成功不仅表现在与其自身相比较的纵向发展方面，也表现在与同类财产险的横向比较和

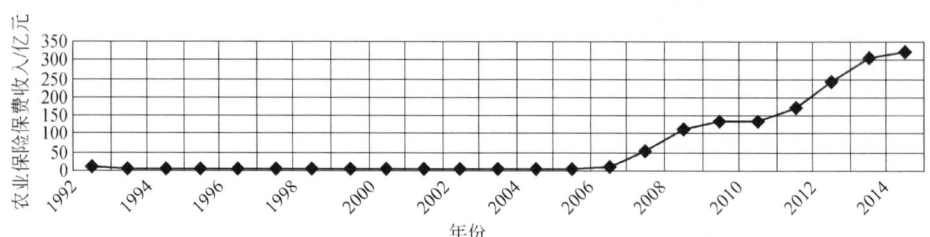

图4-5　1992～2014年全国农业保险保费收入变化曲线图

资料来源：根据《中国统计年鉴》（1992～2014）整理所得

占整个保险业的比重方面。同样，1992～2014年，全国农业保险保费收入占整个保费收入的比例也如过山车一样起伏不定，最低甚至为0.11%（2003年），最高达到4.7%（2013年），详见图4-6。

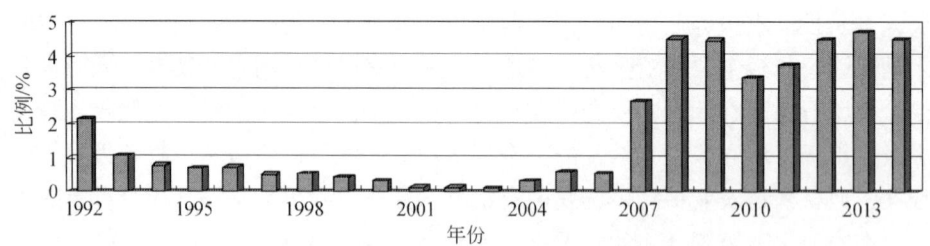

图4-6　1992～2014年全国农业保险保费占财产险总保费比例变化柱状图

资料来源：根据《中国统计年鉴》（1992～2014）整理所得

### 2. 农业保险渗透度

农业保险渗透度是衡量一个国家或地区某一阶段农业保险市场发展程度的重要指标，主要包括农业保险密度和农业保险深度两个指标。保险密度是指某一国家或者地区人均保险费额（按该地人口计算），它是反映该地国民参加保险程度的经济指标，能够直观体现出一国国民经济和保险业的发展水平。保险深度是指某地保费收入占该地国内生产总值（GDP）之比，反映该地保险业在整个国民经济中的地位，它取决于一国经济总体发展水平和保险业的发展速度。

从2004年我国政策性农业保险试点改革以来，农业保险的密度和深度有较大的增长，尤其是自2008年以来，增加相当明显，具体情况如图4-7和图4-8所示。

通过分析不难发现，虽然我国农业保险深度和密度自2008年以来增幅明显、发展迅速，但是从横向对比中仍然可以看出，我国农业保险无论是深度还

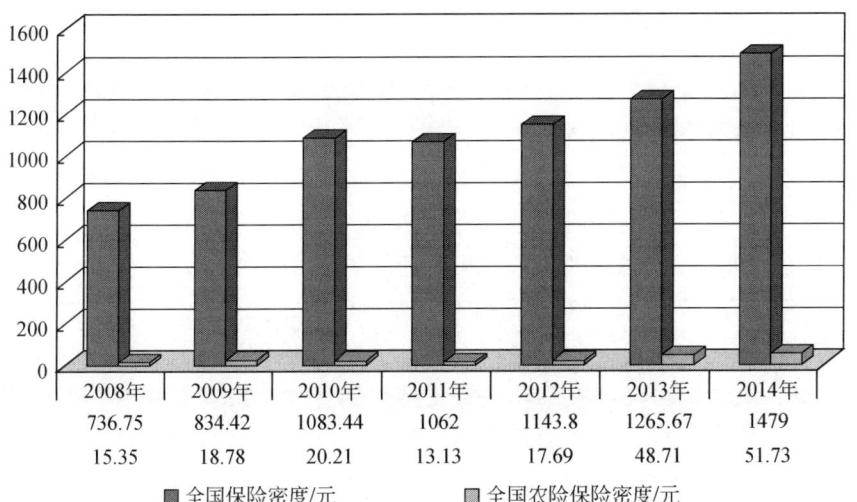

| | 2008年 | 2009年 | 2010年 | 2011年 | 2012年 | 2013年 | 2014年 |
|---|---|---|---|---|---|---|---|
| | 736.75 | 834.42 | 1083.44 | 1062 | 1143.8 | 1265.67 | 1479 |
| | 15.35 | 18.78 | 20.21 | 13.13 | 17.69 | 48.71 | 51.73 |

■ 全国保险密度/元　　　□ 全国农险保险密度/元

图4-7　2008～2014年全国保险密度与农业保险密度柱状图

资料来源：根据《中国统计年鉴》整理所得

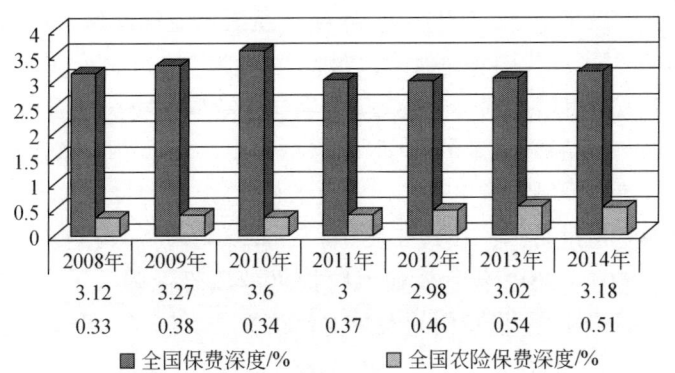

| | 2008年 | 2009年 | 2010年 | 2011年 | 2012年 | 2013年 | 2014年 |
|---|---|---|---|---|---|---|---|
| | 3.12 | 3.27 | 3.6 | 3 | 2.98 | 3.02 | 3.18 |
| | 0.33 | 0.38 | 0.34 | 0.37 | 0.46 | 0.54 | 0.51 |

■ 全国保费深度/%　　　□ 全国农险保费深度/%

图4-8　2008～2014年全国保险深度与农业保险深度柱状图

资料来源：根据《中国统计年鉴》整理所得

是密度，一直处于较低发展水平，与全国保险情况相比，在绝对数值上几乎可以忽略不计。不过，从纵向比较，我国农业保险深度和密度相对数值显示其发展速度越来越快、地位越来越重要。同时，值得注意的是，近几年来不论是农业保险深度还是农业保险密度都呈现增长速度不均衡甚至下滑的趋势，这充分说明我国农业保险渗透力不强、自我发展程度不高，农业保险发展呈现不均衡、不持续的现状。

**3. 农业保险风险分散度**

农业保险在金融方面具有四两拨千斤的杠杆作用，农业保险风险分散度是通过其杠杆作用来实现的，主要体现在农业保险每年在获得中央补贴情况下的保费收入增加情况，以及在这种情况下对农业生产提供的保障。

1982 年，我国恢复办理农业保险业务以来，由于缺少政府支持，发展长期不景气，2002 年全国保费收入仅 4.8 亿元左右，户均投保费用不足 2 元。直到 2004 年，有政府支持的农业保险在一些地区展开试点，农业保险才开始迈入快速发展轨道，特别是自 2007 年以来，农业保险发展迅速，相比过去有了质的飞跃，其中国家财政补贴和政策支持作用巨大。2004 年中央财政补贴农业保险 3.0 亿元，2006 年以后中央财政对农业保险的补贴大幅增加，2007 年为 20.5 亿元，2008 年增长到 60.5 亿元，2009 年为 79.5 亿元，2010 年更是达到 103.2 亿元，2012 年，财政部作出《关于进一步加大支撑力度，做好农业保险保费补贴工作的通知》（财金［2012］2 号），无论是在补贴的范围还是补贴的力度、比例、规模方面，都出台更大的优惠政策。与此同时，我国农业保险保费收入也逐年飙升，2004～2014 年，我国农业保险保费收入增长近 40 倍。自 2007 年以来，我国农业保险保费收入累计约 1500 亿元，农业保险业承保农作物从 2.3 亿亩增加到 9.7 亿亩，占我国主要农作物播种面积的 40%。农业保险承保农产品品种 90 多个，几乎覆盖农、林、牧、副、渔业的各个方面，开办区域已覆盖全国所有省份，参保农户 1.83 亿户次，自 2008 年起，我国农业保险业务规模超过日本，仅次于美国，农业保险业务规模也跃居世界第二位。据统计，2007～2012 年，农业保险提供的风险保障从 1126 亿元增长到 9006 亿元，共计向 1.13 亿户次的农户支付赔款 551 亿元，户均约 500 元，约占农村人均年收入的 10%。其中，2011 年为 1.69 亿户次农户提供风险保障 6523 亿元，承保主要粮油棉作物 7.87 亿亩，占全国播种面积的 33%，在内蒙古等地承保覆盖率超过 50%，在安徽等地承保覆盖率已接近 100%（表 4-1）。实践证明，我国农业保险已成为分散农业产业风险的主要风险管理制度（周延礼，2012）。

表 4-1　2004～2014 年全国农业保险保费收入与财产险保费收入比较

| 年份 | 财产险保费收入/亿元 | 农业保险保费收入/亿元 | 农业保险比例/% | 农业保险赔款支出/亿元 |
|------|------|------|------|------|
| 2004 | 1089.9 | 3.77 | 0.3459 | 2.89 |
| 2005 | 1231.16 | 7.5 | 0.6092 | 5.8 |

| 年份 | 财产险保费收入/亿元 | 农业保险保费收入/亿元 | 农业保险比例/% | 农业保险赔款支出/亿元 |
|------|------|------|------|------|
| 2006 | 1508.43 | 8.46 | 0.5608 | 5.91 |
| 2007 | 1997.7 | 53.33 | 2.6696 | 29.75 |
| 2008 | 2446 | 110.7 | 4.5258 | 69 |
| 2009 | 2993 | 133.79 | 4.4701 | 90.2 |
| 2010 | 4026.9 | 135.68 | 3.3693 | 100.69 |
| 2011 | 4617.9 | 173.8 | 3.7636 | 89 |
| 2012 | 5330.92 | 240.13 | 4.5052 | 142.2 |
| 2013 | 6481.16 | 306.7 | 4.7215 | 208.6 |
| 2014 | 7203 | 325.7 | 4.5120 | 214.6 |

资料来源：根据《中国统计年鉴》（2004～2014）整理所得

### 4.3.2 对"三农"经济的推动

**1. 农业保险监管对农业产业发展的推动**

农业保险的本质作用是分散和转移农业风险，减少风险损失，提高现代农业风险管理水平，是一种农业风险管理工具。因此，农业保险监管的有效性首先体现在能否确保农业保险本质作用的实现，即提高现代农业风险管理水平，促进农业产业的发展。从宏观指标上看，最直接的是观察在农业保险监管下，我国农业保险保费收入增长情况与农业保险赔偿支付情况及其与农业总产值之间的对应关系，详见图4-9。

我国农业保险保费收入增长趋势与农业总产值增长趋势总体相一致，农业总产值逐年增长，农业实现可持续发展，农业保险功不可没。因此，农业保险在现代农业产业发展中起着重要的风险分散和风险保障作用。

**2. 农业保险监管对农民增收的推动**

农业保险的本质作用是分散和转移农业风险，减少风险损失，提高农户风险管理水平，农业保险减少了农业风险损失也就相应稳定和提高了农民收入水平。因此，农业保险监管的另外一项宏观目标就是提高农民收入水平。从农业保险发展相对快速的近十年来看，随着国家扶植力度的加大，财政补贴农业保险保费增长，农业保险保费收入逐年提高，同时农业保险承保风险也是逐年增

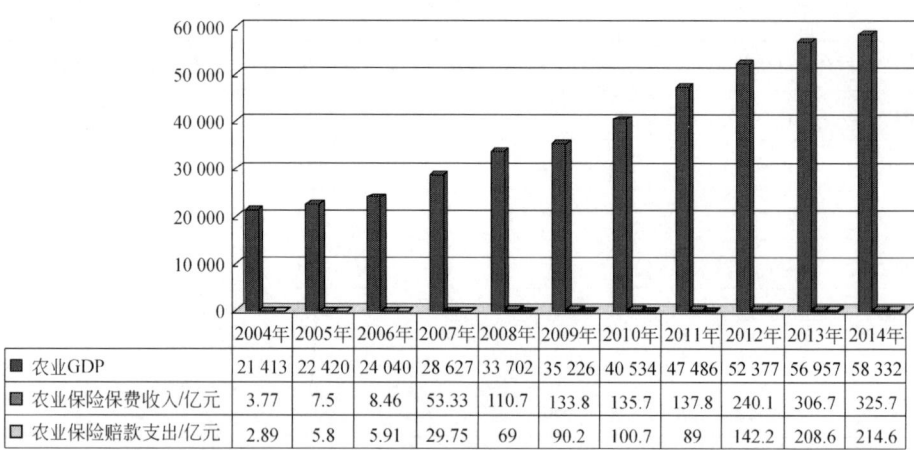

| | 2004年 | 2005年 | 2006年 | 2007年 | 2008年 | 2009年 | 2010年 | 2011年 | 2012年 | 2013年 | 2014年 |
|---|---|---|---|---|---|---|---|---|---|---|---|
| ■ 农业GDP | 21 413 | 22 420 | 24 040 | 28 627 | 33 702 | 35 226 | 40 534 | 47 486 | 52 377 | 56 957 | 58 332 |
| ■ 农业保险保费收入/亿元 | 3.77 | 7.5 | 8.46 | 53.33 | 110.7 | 133.8 | 135.7 | 137.8 | 240.1 | 306.7 | 325.7 |
| □ 农业保险赔款支出/亿元 | 2.89 | 5.8 | 5.91 | 29.75 | 69 | 90.2 | 100.7 | 89 | 142.2 | 208.6 | 214.6 |

图 4-9　2004～2014 年农业保险保费、赔款支出与农业总产值柱状图

资料来源：根据《中国统计年鉴》（2004～2014）整理所得

加，农业保险赔偿力度不断增加，农民投保意识也越来越强。从全国的宏观情况看，农民的收入水平也较参加农业保险前有明显的提高，而且每年农民人均收入水平与参与农业保险的情况、农业保险赔偿情况等要素成正比。详细情况见表 4-2。

表 4-2　2004～2014 年农业保险与农民收入等相关因素数据表

| 年份 | 农业 GDP/亿元 | 农村居民人均纯收入/元 | 农业保险保费收入/亿元 | 农业保险赔款支出/亿元 |
|---|---|---|---|---|
| 2004 | 21 412.7 | 2 936.4 | 3.77 | 2.89 |
| 2005 | 22 420.0 | 3 254.9 | 7.5 | 5.8 |
| 2006 | 24 040.0 | 3 587 | 8.46 | 5.91 |
| 2007 | 28 627.0 | 4 140.4 | 53.33 | 29.75 |
| 2008 | 33 702.0 | 4 760.6 | 110.7 | 69 |
| 2009 | 35 226.0 | 5 153.2 | 133.79 | 90.2 |
| 2010 | 40 533.6 | 5 919 | 135.68 | 100.69 |
| 2011 | 47 486.2 | 6 977 | 173.8 | 89 |
| 2012 | 52 377.0 | 7 917 | 240.13 | 142.2 |
| 2013 | 56 957.0 | 8 896 | 306.7 | 208.6 |
| 2014 | 58 332.0 | 9 892 | 325.7 | 214.6 |

资料来源：根据《中国统计年鉴》（2004～2014）整理所得

### 3. 农业保险监管对农村经济发展的推动

农业产业风险的降低、农户管理农业风险能力的增强、农业增效、农民增收等农业保险目标的实现必将促进整个农村经济的发展。因此，农业保险监管的宏观目标包括通过对农业保险的监管以实现对农村经济的推动。

## 4.3.3　对国民经济的贡献

从传统保险理论和国民经济理论看，保险属于国民经济中的分配环节，但它不仅是一个分配问题，也是一个生产问题。从分配角度看，农业保险的收费和赔偿实质上就是一个分配问题，其对经济社会的贡献，一方面体现在其保费收入和保险赔款上，另一方面体现在其对资金融通和资产配置方面。从生产角度看，农业保险对经济社会的贡献不仅体现在其对"三农"问题的缓解上，也体现在对社会主义新农村建设乃至对社会主义和谐社会构建的支持上。

### 1. 农业保险市场发展在农业总产值和国民生产总值中的贡献

判断农业保险监管对农业保险市场发展的影响及其对国民经济增长的促进作用，一般可以通过保险深度衡量农业保险业在国民经济中的地位。保险深度是指某地保费收入占该地国内生产总值（GDP）之比，反映该地保险业在国民经济中的地位，保险深度越大，保险市场越发达，其对国民经济的作用也相对越大，它取决于一国经济总体发展水平和保险业的发展速度。

我国保险业起步晚，农业保险起步更晚，但是发展速度快。如果从2004年农业保险试点改革开始时的农业保险深度（0.017）计算，到2010年已经达到0.334，增长近20倍，同期，整个保险业保险深度增长1.33倍，农业保险发展速度可见一斑。不过，农业保险深度在整个保险业中的比重还是很小，和全球平均值相比，更是相差甚远，其绝对数值微乎其微，但是它在国民经济中的作用不断增加，未来发展的空间非常大。从目前运行的情况看，农业保险对农业的保障作用是十分巨大的，其对农业增产、农民增收、农村发展的作用越来越大，详见图4-10。

### 2. 农业保险对农村金融市场的贡献

农业生产一直缺乏足够的金融支持，尤其是正规金融支持，这也是民间金融在农村异常活跃的原因之一。农业保险作为分配环节所发挥的作用不仅体现

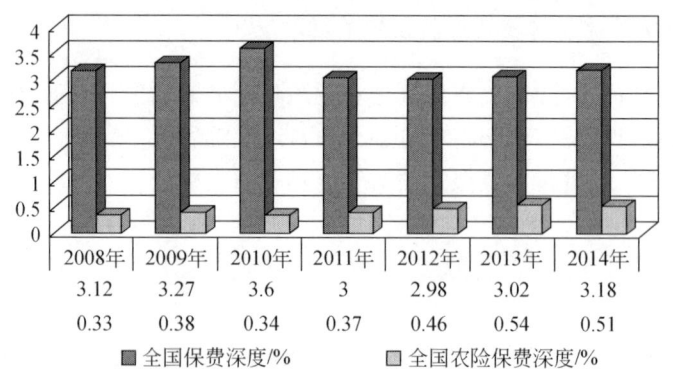

| | 2008年 | 2009年 | 2010年 | 2011年 | 2012年 | 2013年 | 2014年 |
| --- | --- | --- | --- | --- | --- | --- | --- |
| 全国保费深度/% | 3.12 | 3.27 | 3.6 | 3 | 2.98 | 3.02 | 3.18 |
| 全国农险保费深度/% | 0.33 | 0.38 | 0.34 | 0.37 | 0.46 | 0.54 | 0.51 |

图 4-10　2008~2014 年全国保险深度与全国农业保险深度对比柱状图

资料来源：根据《中国统计年鉴》整理所得

在其保障功能方面，也体现在其金融功能方面。一方面，农业保险有利于农村金融供给，提高了农业融资地位。由于农业是一个天然弱质性产业，其受自然因素影响非常大，尤其是农业巨灾风险，因此农业生产面临不确定的风险，农业的这种高风险和不确定性质决定农业在融资方面存在困难，以往农业信贷出现高不良率、少信贷机构、低信贷份额的局面。我国涉农贷款的不良率曾高达16.4%，农、林、牧、渔业的不良率高达 27.1%，较高的不良率使农业信贷机构尽量避免涉农贷款，我国农业生产不仅面临自然风险，也面临金融风险。而农业保险作为现代农业风险管理工具和弥补农户灾后经济损失的重要手段，直接分散和转移农业风险，提高农业生产的稳定度和确定性，使借款人预期收益有保障，降低其违约率，因此，农业保险在一定程度上可以提高贷款人的预期收益，把潜在借款人转化为实际借款人，或提高现有借款人的规模，从而提高农户信贷能力（才英，2011）。另一方面，农业保险保费收入年年增长，已经形成庞大的农业保险基金，这成为农村金融市场涉农贷款的直接资金来源，不仅如此，农业保险基金的投融资功能也使其自身财富增加，增强了其自身造血功能和社会服务功能。

### 4.3.4　对社会主义新农村建设和社会主义和谐社会构建的贡献

农业保险对"三农"问题的解决、农村金融的贡献、整个国民经济的作用等等，最终都成为社会主义新农村建设和社会主义和谐社会构建的重要组成部分。社会主义新农村的总体要求是"生产发展、生活宽裕、乡风文明、村容整洁、管理民主"，其中生产发展是社会主义新农村建设的中心环节，是实现其他目标的物质基础。受农业生产特点影响，目前制约我国农业生产发展的因素除市场风险外，主要是自然风险，尤其是巨灾风险，而农业保险最本质的作用是分散农业风险、促进农业产业的稳定发展，最终使农业增产、农民增收，因此这与社会主义新农村建设的总体要求一致。就社会主义和谐社会构建而言，影响社会和谐的因素很多，但根本上还是经济发展因素，尤其是农村经济的发展对缓解城乡矛盾、缩小收入差距、促进社会和谐等意义重大。从历史发展情况看，2004~2011年，我国农业保险保费收入增长较快，承保品种已经覆盖农、林、牧、副、渔业的各个方面，开办区域已覆盖全国所有省份，平均承保覆盖率达30%①，实践证明，我国农业保险已成为农业可持续发展的重要保障（周延礼，2012），这对社会主义新农村建设起到基础性和关键性的作用。社会主义新农村建设是社会主义和谐社会构建的重要组成部分，和谐社会的基本特征是民主法治、公平正义、诚信友爱、充满活力、安定有序、人与自然和谐相处，它仍然离不开经济的发展。因此，从农业保险的现实贡献和长远意义看，它对社会主义新农村建设和社会主义和谐社会构建起到巨大的推动作用。

---

① 在内蒙古等地承保覆盖率超过50%，在安徽等地承保覆盖率已接近100%。

# 第 5 章
# 我国农业保险监管有效性的微观分析

农业保险监管有效性主要通过其两类基本行为体现出来，第一类是以立法为主的农业保险监管制度供给行为，第二类是以执法为主的农业保险监管制度执行行为，前者追求宏观效益，后者注重微观效率，提高农业保险监管有效性就意味着加强农业保险监管制度供给与提高农业保险监管行政执法力度的有机结合。基于我国农业保险监管有效性衡量体系，第 4 章以抽象方式从宏观角度对我国农业保险监管有效性进行综合度量。基于农业保险监管有效性目标体系和微观效率衡量指标体系分析，农业保险监管制度执行是决定农业保险监管有效性的关键点和难点，是其微观效率考量的重点内容，在现有制度供给前提下，分析农业保险监管微观目标（或中间目标）实现情况则是考量我国农业保险监管有效性微观效率的关键，而对微观目标整体实现的博弈分析、现实分析及实证评价则是评价我国农业保险监管有效性微观效率的核心工具。本章试图建立博弈模型进行理论分析、通过实证研究进行现实分析和基于农户视角进行绩效评价，综合考量我国农业保险监管有效性的微观效率。

## 5.1  农业保险监管有效性的模型分析

从微观目标看，农业保险监管的有效性取决于监管者的具体监管效率，这主要包括监管者行政执法力度、监管者行政执法能力、监管者监管战略选择、被监管者的应对战略选择，即监管强度函数，同时还包括由监管强度函数决定的监管深度函数和监管灵活度函数。监管行为的"度"是一个相对概念而不是一个绝对的概念，是监管者和被监管者两方主体在利益博弈中的理性选择，因此，基于我国农业保险监管有效性衡量体系，本节拟建立监管博弈模型，应用博弈分析方法，探讨我国农业保险监管中监管者和被监管者的战略选择，评价不同战略决策下农业保险监管的有效性。

## 5.1.1 模型假设

### 1. 博弈主体假设

尽管农业保险及其监管相对特殊和复杂，但我国《农业保险条例（草案)》仍然对其定位为"商业保险"，其监管也是沿用带有自己特点的商业保险模式。为方便分析，假设农业保险市场监管只存在监管人和被监管人两方主体，既不考虑保险机构的内部自我监管、保险行业协会的行业自律监管、社会中介机构的外部监管等，也不考虑农业保险三大参与主体与监管主体的特殊性。其中农业保险监管主体是指保险监管机构，主要以保监会为主体并包括农业部、财政部、监察部等在内的机构及其分支机构，不包括保险机构内部监管部门、保险行业协会、社会中介机构、消费者及消费者协会等组织和个人；被监管主体包括保险机构、投保农户、参与政府等，主要是保险机构。监管主体的监管活动是指对整个农业保险运行过程（主要是对市场行为）的监管，包括保险机构的市场准入、规范操作、公司治理、市场退出等行为，及对投保农户及参与政府的投保、索赔、补贴、支持等行为，其中主要是分析监管人对于农业保险机构市场行为的监管。

### 2. 主体效用函数假设

假设农业保险监管人是理性的，追求监管利益最大化，为此，假设监管人的效用函数为：

$$U_R = R_{net} = R - C_1 - C_2 - C_3 \qquad (5.1)$$

其中，$U_R$ 表示农业保险监管的监管效用，$R_{net}$ 代表农业保险监管的净收益，$R$ 代表农业保险监管的收益，$C_1$ 代表农业保险监管的直接投入成本，$C_2$ 为间接损失成本，$C_3$ 为其他成本。

假设农业保险的被监管人也是理性的，也追求自身利润最大化，则其效用函数为：

$$U_I = \theta r - (1-\theta) I \qquad (5.2)$$

其中，$\theta$ 表示农业保险机构经营某农业保险项目成功的概率，$(1-\theta)$ 表示该农业保险项目因监管而失败的概率，$r$ 表示该农业保险项目成功所获得的风险收益，$I$ 为该农业保险项目因监管失败所遭受的损失。

### 3. 主体战略选择假设

假定提高监管力度，监管人的行为有三种战略：严格监管、正常监管和放松监管。被监管者的行为有两种战略：规范运行和违规运行。同时，在支付矩阵中，假设监管人与被监管人的决策都取决于自己的战略和对方选择的战略，但监管人的决策受被监管人违规经营与规范经营的概率及自身监管成本决定。假设在农业保险监管活动中监管人通过正常监管或严格监管，能够发现被监管者的违规操作行为，然后通过加大检查和处罚力度等方式，可以预防和减少农业保险机构操作中的违规风险，但这样必然会增加农业保险监管成本投入；假设监管人放松监管时不能发现被监管者的违规操作行为，这样就不能通过检查和处罚等方式预防和减少农业保险操作中的违规风险，从而会增加农业保险违规经营的风险，但这种情况可以减少（或者至少是不增加）农业保险监管的成本投入。

为便于分析，先设定该博弈模型中有一个基准状态，即如果在正常监管状态下，监管人的保险监管收益为 $R$，其保险监管成本为 $C$，那么被监管人违规经营的平均收益为 $r$，其平均损失和为 $I$。被监管人规范经营会带来项目有较大可能成功的概率，设 $\theta > 50\%$，则被监管人违规经营带来的项目成功概率为 $1-\theta$，假定在监管人放松监管、被监管人规范经营和监管人严格监管、被监管人违规经营两种战略选择组合时保险项目失败的损失均为 1。

基于上述前提，假设监管人、被监管人不同行为策略组合下的效用分析如下：

（1）监管人正常监管下，监管人与被监管人的效用分析。当监管人正常监管时，监管人的监管成本投入即为正常的监管成本，记为 $C$，因为监管人正常监管可以发现被监管者的违规操作行为，然后会通过加大检查和处罚力度进行打击，从而对其他被监管人产生震慑力，提高监管人的声誉和监管效果，产生正效用，记为 $\Delta R$，则监管人效用为 $R+\Delta R-C$。如被监管人规范经营获得的收益为正常收益，设为 $r$，则被监管人效用为 $\theta r-(1-\theta)I$；如被监管人违规经营会被发现和受到处罚，并丧失正常信誉，设处罚与丧失的信誉为 $I$，则被监管人效用为 $(1-\theta)(r-\Delta r)-\theta I$。

（2）监管人严格监管下，监管人与被监管人的效用分析。加强监管时，监管人将加大对违规经营者的惩处力度，设监管人因加强监管而增加支出 $\Delta C$，因监管得力而得益 $\Delta R$，则监管人效用为 $(R+\Delta R)-(C+\Delta C)$。如果被监管人规范经营，可能会增加风险收益损失 $\Delta r$，但因加强监管市场规范、风险下降又会获得超额收益 $\Delta r$，则被监管人效用为 $\theta(r-\Delta r)-(1-\theta)(1-\Delta I)$；如果被监管人违规经营，将会被发现并受到更重的处罚，项目成功概率变成 $(1-\theta)$，信誉也受到更大的损失，设处罚与信誉损失为 $\theta I$，则被监管人的效用为 $(1-\theta)(r-\Delta r)-\theta I$。

（3）监管人放松监管下，监管人与被监管人的效用分析。当监管人放松监管时，如被监管人规范经营，则被监管人效用为 $\theta$ $(r+\Delta r)$ – $(1-\theta)$ $I$，但监管人可减少监管成本 $\Delta C$，增加监管收益 $\Delta R$，则监管人效用为 $(R+\Delta R)$ – $(C-\Delta C)$；当监管人放松监管时，如果被监管人违规经营，而且不会被监管人发现，或即使被发现也没有被处罚，被监管人为此可以获取额外风险收益，则被监管人效用为 $(1-\theta)$ $(r+\Delta r)$ $-\theta$ $(1+\Delta I)$，但监管人因对其他被监管人的威慑作用减弱、信誉大大降低等，虽然降低监管成本 $\Delta C$，也减少监管收益 $\Delta R$，则监管人效用为 $(R-\Delta R)$ – $(C-\Delta C)$（吴九红，2005）。

## 5.1.2 建立模型

根据上述条件和假设，该博弈模型的战略空间和支付矩阵如表 5-1 所示。

表 5-1 监管人与被监管人的战略选择与博弈矩阵

| 项目 | | 被监管人 | |
| --- | --- | --- | --- |
| | | 规范经营 | 违规经营 |
| 监管人 | 严格监管 | $(R+\Delta R)$ – $(C+\Delta C)$, $\theta$ $(r-\Delta r)$ – $(1-\theta)$ $(1-\Delta I)$ | $(R+\Delta R)$ – $(C+\Delta C)$, $(1-\theta)$ $(r-\Delta r)$ $-\theta I$ |
| | 正常监管 | $R+\Delta R-C$, $\theta r-$ $(1-\theta)$ $I$ | $R+\Delta R-C$, $(1-\theta)$ $(r-\Delta r)$ $-\theta I$ |
| | 放松监管 | $(R+\Delta R)$ – $(C-\Delta C)$, $\theta$ $(r+\Delta r)$ – $(1-\theta)$ $I$ | $(R-\Delta R)$ – $(C-\Delta C)$, $(1-\theta)$ $(r+\Delta r)$ $-\theta$ $(1+\Delta I)$ |

## 5.1.3 模型分析

### 1. 监管者与被监管者主体博弈分析

基于上述模型可以看出，从监管人主体角度分析，如果监管人选择严格监管或正常监管战略，则被监管人最优战略是规范经营；如果监管人选择放松监管战略，则被监管人最优战略会根据不同利益需求在规范经营与违规经营之间权衡。从被监管人主体角度分析，如果被监管人选择规范经营战略，则监管人最优战略是放松监管；如果被监管人选择违规经营战略，则监管人最优战略取决于不同监管强度下（正常监管或者加强监管）监管的成本与收益的比较。

如果用 $p$ 表示监管人严格监管或者放松监管的概率，则监管人放松监管的概率为 $1-p$；如果用 $q$ 表示被监管人违规经营的概率，则被监管人规范经营的概率为 $1-q$；假设 $p^*$ 表示监管人严格监管或正常监管时的均衡概率，$q^*$ 表示被监管人违规经营时的均衡概率，则监管人和被监管人的期望效用函数 $U_1$、$U_2$ 为：

$$U_1 = p\{[(R + \Delta R) - (C + \Delta C)(1 - q)] + [(R + \Delta R) - (C + \Delta C)q]\}$$
$$+ (1 - p)\{[R + \Delta R) - (C - \Delta C)(1 - q)]$$
$$+ [(R - \Delta R) - (C - \Delta C)q]\} \tag{5.3}$$

$$U_2 = (1 - q)\{p[\theta(r - \Delta r) - (1 - \theta)(1 - \Delta\iota)] + (1 - p)$$
$$[\theta(r + \Delta r) - (1 - \theta)\iota]\} + q\{p[(1 - \theta)(r - \Delta r) - \theta\iota] + (1 - p)$$
$$[(1 - \theta)(r + \Delta r) - \theta(\iota + \Delta\iota)]\} \tag{5.4}$$

通过对监管人和被监管人期望效用函数 $U_1$、$U_2$ 分别求微分，并令导数为 0，得到最优化的一阶条件：

$$\frac{\delta U_1}{\delta_p} = 2q\Delta R - 2\Delta C = 0 \tag{5.5}$$

$$\text{则 } q^* = \frac{\Delta C}{\Delta R} \tag{5.6}$$

$$\frac{\delta U_2}{\delta q} = p(2\theta - 1)\left(\overset{\sim}{r}^h - \overset{\sim}{r}^l\right) - (2\theta - 1)\overset{\sim}{r}^h + \theta I^h - (1 - \theta)I^l = 0 \tag{5.7}$$

$$\text{则 } p^* = \frac{[(2\theta - 1)(r + \Delta r) + (2\theta - 1)\iota + \theta\Delta\iota]}{(2\theta - 1)(2\Delta r + \Delta\iota)} \tag{5.8}$$

因此，以上博弈模型的混合战略纳什均衡是：

$$p^* = [(2\theta - 1)(r + \Delta r) + (2\theta - 1)\iota + \theta\Delta\iota]/[(2\theta - 1)(2\Delta r + \Delta\iota)],$$
$$q^* = \Delta C/\Delta R$$

由此可见，如果监管人严格监管概率小于 $p^*$，则被监管人选择违规经营，如果监管人严格监管概率大于 $p^*$，则被监管人选择规范经营；如果被监管人选择违规经营概率小于 $q^*$，监管人的最优选择是放松监管，如果被监管人选择违规经营概率大于 $q^*$，监管人的最优选择是严格监管。因此，监管人实施有效监管的概率应为：

$$p^* > \frac{[(2\theta - 1)(r + \Delta r) + (2\theta - 1)\iota + \theta\Delta\iota]}{(2\theta - 1)(2\Delta r + \Delta\iota)} \tag{5.9}$$

**2. 博弈均衡结果分析**

1）对监管人均衡概率 $p^*$ 的分析

基于监管人与被监管人的博弈矩阵，通过推导可知，监管人的均衡概率主要由三个基本因素决定：被监管人项目成功的平均概率 $\theta$、不同监管强度下被监管人项目获得的风险报酬增量 $\Delta r$，以及该项目失败所承担的损失增量 $\Delta\iota$。

分别对 $p^*$ 求导，具体分析如下：

第一种情况：

设
$$\frac{\partial p^*}{\partial \Delta\iota} = \frac{\Delta\iota + (2\theta - 1)(r + 1)}{(2\Delta r + \Delta\iota)^2(2\theta - 1)} > 0 \qquad (5.10)$$

分析：如果农业保险市场上被监管人项目成功概率越大，则监管人选择严格监管战略的概率越小，监管人均衡概率 $p^*$ 与被监管人项目成功的概率 $\theta$ 呈现负相关关系。所以，监管人选择放松监管战略的充分必要条件是被监管人有良好的自律意识和经营基础，否则监管者放松监管必然导致农业保险市场的不规范经营和恶性竞争。

第二种情况：

设
$$\frac{\partial p^*}{\partial \Delta r} = \frac{-\Delta\iota - 2(2\theta - 1)(1 + r)}{(2\Delta r + \Delta\iota)^2(2\theta - 1)} < 0 \qquad (5.11)$$

分析：如果监管人选择放松监管战略，则该保险项目成功，被监管人因此获得较大收益；如果监管人选择严格监管战略，则该保险项目可能面临失败，被监管人将承担较大机会成本，该机会成本与监管人选择严格监管战略的概率呈反相关关系。因此，在这种情况下，监管人均衡概率 $p^*$ 与被监管人在放松监管下所获得的风险报酬增量 $\Delta r$ 呈负相关关系，或者说与严格监管下被监管人承担的机会成本 $\Delta r$ 呈负相关关系。所以，监管人是否选择放松监管战略，不仅取决于被监管人的自律意识和经营基础，还取决于选择放松监管战略对被监管人潜在收益（机会成本）的影响。

第三种情况：

设
$$\frac{\partial p^*}{\partial \Delta\iota} = \frac{\Delta\iota + (2\theta - 1)(r + 1)}{(2\Delta r + \Delta\iota)^2(2\theta - 1)} > 0 \qquad (5.12)$$

分析：如果被监管人选择违规经营战略时项目失败所遭受的损失越大，监管人选择严格监管战略的概率越大，反之越小，监管人均衡概率 $p^*$ 与被监管人选择违规经营战略时项目失败时所增加的损失量 $\Delta I$ 呈正相关关系，或者与选择规范经营战略时项目失败所减少的损失量 $\Delta I$ 呈正相关关系。所以，监管者有责任对具有赌博心理的被监管人在经营风险大的保险项目时作出及时提醒。

结论：在我国农业保险监管中，监管人的监管力度取决于农业保险市场发展情况与自身需求，如农业保险经营基础、自身风险管理能力、持续发展空间与创新能力等。如果农业保险经营基础较好、市场主体自身风险管理能力强、能够为被监管人带来持续发展空间和激励创新能力，那么监管人会选择放松监管，以激励市场发展，提高监管效率，促进农业保险可持续发展；反之，如果农业保险经营基础不好，市场主体自身风险管理能力较差、持续发展空间不足、激励创新能力不强，那么监管人会选择严格监管策略，以规范市场发展，防止市场混乱、提高政策效率。我国农业保险市场虽然发展时间不短，但是真正有国家补贴的试点及普及时间还较短，农业保险需要放松监管以促进其发展。然而，也正因为有国家补贴的农业保险起步晚，农业保险经营基础不好，主体自身风险管理能力较差、持续发展空间不足、激励创新能力不强，所以打擦边球、钻政策空挡等违规经营行为时有发生，因此监管人又必须选择严格监管。由此可见，我国农业保险业放松监管是监管人的长远之策和最优选择，但是从目前我国农业保险实践中遇到的问题来看，严格监管应是当前首选。

2）对被监管人均衡概率 $q^*$ 的分析

分析：被监管人均衡概率为 $q^*$，则被监管人选择规范经营战略的概率为 $1-q^*$。由 $q^*=\Delta C/\Delta R$ 可知，被监管人选择规范经营战略的概率取决于监管人选择严格监管战略的收益增量 $\Delta R$ 和成本增量 $\Delta C$ 两个因素。当监管人选择严格监管战略时的成本越低、收益越大，而选择放松监管战略的成本越高，收益越小，那么监管人的最优策略就是选择严格监管；反之，当监管人选择严格监管战略时的成本越高、收益越小，而选择放松监管战略的成本越低、收益越大，那么监管人的最优策略就是选择放松监管。因此，被监管人违规经营的均衡概率 $q^*$ 越大，被监管人规范经营的均衡概率 $1-q^*$ 就越大，被监管者规范经营的概率越大。

结论：$q^*$ 显示被监管人违规经营的概率，显然 $q^*$ 越小越好。从我国农业保险监管的实践看，地方政府的缺位与越位、保险公司的逐利与违规、投保农户的道德风险与逆选择等现象时有出现，监管的相对滞后日益凸显，影响农业保险的可持续发展。因此，当务之急不仅是要严格监管，减少被监管人违规经营的概率，而且要提高监管的有效性，即降低农业保险监管成本，增加农业保险监管的收益。

### 3. 结论与建议

基于以上模型分析，结合我国农业保险监管的实际不难发现，我国农业保险监管尽管沿用商业保险监管的方式，但是又不同于一般的商业保险监管，农业保险监管人不仅包括保监会，也还包括农业部、财政部等机构；农业保险被监管人不仅包括保险机构及其分支机构，也包括参与农业保险的各级政府，甚至包括投保农户。该模型分析结论如下：

农业保险监管中，监管人的监管力度取决于农业保险监管的成本与收益、农业保险市场发展情况及农业保险本身需求，即农业保险经营基础、自身风险管理能力、持续发展空间与创新能力等。同时，被监管人违规经营的概率也与农业保险监管的力度、农业保险市场发展情况、违规经营的成本与收益分析等因素紧密相关。

就当前我国农业保险监管而言，要降低农业保险被监管人违规经营概率，提高其规范经营期望，提高农业保险监管的有效性，具体政策建议如下：

其一，农业保险监管制度设计与执行中需要引入激励机制。完整的激励包括正激励与负激励，正激励主要是奖励，负激励主要是惩罚。对监管人而言，激励就意味着对监管失职人员的惩罚与对监管高效人员的奖励，这种激励可以从反面警示和正面赞扬两个方面引导所有监管人恪尽职守、高效履行其监管职能。对被监管人而言，激励意味着对违规经营行为的惩罚与对规范经营人的奖励，加重对违规经营行为的处罚，会增加其违规成本，从而减少违规经营的期望，提高监管效率；加大对规范经营的奖励，会增加其总体收益（包括有形的收益和无形的收益，前者如利润的增加，后者如声誉的提高）。农业保险监管需要引入激励机制，不仅要加大监管中惩罚的力度，也要加大监管中奖励的力度，如果单纯使用传统惩罚机制，有可能会增加被监管人违规经营的概率，处罚结果可能会偏离政策目标，被监管人宁愿违规经营也要弥补因受处罚而遭受的损失，从而形成恶性循环。

其二，农业保险监管需要培育农业保险市场，坚持适度监管原则。从模型分析看，农业保险监管效率不仅仅来源于监管的力度，更来自于农业保险市场发育状况，当农业保险经营基础良好、市场发达，那么农业保险监管的力度与被监管人违规经营概率并无强相关性，同时会降低农业保险监管的成本。在农业保险市场比较发达的情况下，监管人放松监管不仅可以减少监管成本，而且会给被监管人以宽松的环境，被监管人会因珍惜自己的声誉而选择规范经营，这也增加了监管收益。因此，对农业保险市场的培育是农业保险监管的主要任务之一。

其三，农业保险监管需要考虑监管成本投入。农业保险监管的效率的直接评价指标就是监管成本投入与监管收益的对比关系，只有监管的预期收益大于成本投入的监管措施才是有效的，有效的农业保险监管无论是对于监管本身而言，还是对于整个农业保险经营而言，既意味着提高监管机构的行政效率，实现成本与收益间的平衡，也意味着整个农业保险的可持续发展。

其四，农业保险监管需要进行制度创新。农业保险制度创新不是简单地改变某一概念的提法，或者从形式上的推进，而是本质上的一种新制度。不仅要建立制度创新机制，还要提供制度创新机制的实现保障，促进农业保险机构和农业保险监管机构内部的快速健康发展，进而促进农业保险监管目标的实现和农业保险的可持续发展。

最后，农业保险监管需要完善监管法律制度建设。我国目前农业保险监管并无单独的法律制度，主要依据监管商业保险的《保险法》以及《农业法》等，虽然《农业保险（草案）》已经出台，但是目前农业保险监管并没有形成从中央到地方、从正式规则到非正式规则的立体法律制度体系，这也是我国农业保险监管低效的重要原因（董辉，2010）。

## 5.2　农业保险监管有效性的实证评价——契约执行视角

保险监管是一国政府的保险监管机构为维护保险市场秩序、保护被保险人及社会公众利益，对保险业进行的监督和管理，是保险业正常运行的保障。农业保险是一项惠农政策，农业保险的政策性决定其监管不仅具有重要性，更具有特殊性，农业保险监管部门最根本的任务是促进农业保险作为政府的政策工具实现其政策目标（庹国柱和朱俊生，2005），契约监管则是农业保险监管的核心内容。农业保险监管的有效性评价视角较多，但基于契约执行视角、由投保农户进行绩效评价，无疑是重要而可行的。农业保险契约是农业保险的内容和载体，农业保险监管是农业保险政策实现的外部保障，目前农业保险监管最直接的途径是对农业保险契约本身内容及其运行过程的监管，契约执行的绩效可以更为直观地反映农业保险监管的有效性。因此，本节的实证研究以农户为对象、以农业保险契约为载体来探讨农业保险监管有效性。

### 5.2.1　样本选取与结构分析

本实证研究以试点地区为基础，以契约执行过程为主线，以农户为对象（期间访谈承保农业保险的保险公司、参与农业保险补贴的各级政府），以主体权责为核心，采用问卷填写与设问访谈方式，以契约执行视角客观评价我国农业保险监管绩效。

在样本选取上，课题组按照经济发展水平与地理位置的不同，在接受中央财政补贴的试点地区选取比较有代表性的湖北省和江西省。在湖北省选取中华联合财产保险股份有限公司进行水稻试点地鄂州市、油菜试点地黄冈市、棉花试点地天门市、荆门市等地；在江西省选取中国人民财产保险股份有限公司进行水稻试点地井冈山市、吉安县、新干县、峡江县、南昌县等地。每个县（市）抽取两个乡（镇），每个乡（镇）随机抽取一两个行政村，每村抽取 20 个已参加农业保险的农户①，共 360 个样本，为确保全面、准确和高效，各村村长或村委会相关成员作为必选对象。经过逻辑检验与筛选，最终有效样本为 296 份（一人代表一个家庭，填写一份问卷），其中湖北省 189 份，江西省 107 份。样本设计 5 个因子，目的是期望探讨农户风险认知、风险规避、保险契约认知、订立、履行、监督等影响因素，从而提出针对性调控政策。样本中因大部分文化程度相对较高的青壮年劳动力外出打工，留守劳动力要么年纪较大，要么女性居多，故被调查者文化程度相对较低，而从事农业生产时间长、经验丰富，两者总体呈反方向变化；同时，被调查者家庭年收入与非农收入和耕地规模呈正向变化。因此，样本总体能够反映我国农村实际，详见表 5-2。

**表 5-2　样本结构及分布**

| 农户类型 | 层次 | 划分标准 | 人数/人 | 权重/% |
|---|---|---|---|---|
| 个人文化程度 | 高 | 大专及以上 | 2 | 0.7 |
|  | 中 | 初中、高中、中专等 | 65 | 22.0 |
|  | 低 | 小学及以下 | 229 | 77.3 |
| 个人从事农业生产时间 | 高 | 从事 5 年及以上 | 221 | 74.7 |
|  | 中 | 2～5 年 | 60 | 20.3 |
|  | 低 | 从事 2 年及以下 | 15 | 5.0 |
| 家庭收入水平 | 高 | 近 3 年家庭年收入均 3 万及以上 | 66 | 22.2 |
|  | 中 | 近 3 年家庭年收入均 1 万～3 万元 | 186 | 62.8 |
|  | 低 | 近 3 年家庭年收入均 1 万及以下 | 44 | 15.0 |
| 农业收入比重 | 高 | 占家庭年收入 90% 及以上 | 47 | 15.9 |
|  | 中 | 占家庭年收入 50%～90% | 113 | 38.2 |
|  | 低 | 占家庭年收入 50% 及以下 | 136 | 45.9 |
| 家庭耕地规模 | 高 | 20 亩及以上 | 62 | 20.9 |
|  | 中 | 5～20 亩 | 122 | 41.2 |
|  | 低 | 5 亩及以下 | 112 | 37.9 |

---

① 由于调查目的是了解农业保险契约执行情况，故只选取投保农户，不计算投保率。

## 5.2.2 评价内容与过程分析

农业保险契约①是一个动态执行过程，包括契约认知、订立、履行、救济等几个方面，以认知度、参与度、履约力、救济力、满意度等指标宏观描述农业保险及契约运行绩效。农业保险监管贯穿于契约执行的全过程，通过以上指标评价农业保险监管的有效性。

### 1. 契约认知

农户接受农业保险政策首先在于其认知，农业保险契约是农业保险的内容和载体，它包含农业保险的所有信息，当农户对其认知度不高时，对农业保险的选择和接受会大打折扣，因此，农业保险监管首先从契约认知开始。投保农户对农业保险契约的认知度包括总体认知度和具体认知度，它直接体现农户参与农业保险的广度与深度、决定契约执行与监督的效率，是全面描述和客观评价农业保险契约运行绩效的基础性指标。

调查样本显示，试点地区投保农户对农业保险契约的总体认知度不高，对"是否知道农业保险契约"的肯定回答只占47.0%（表5-3）。

其他非试点地区或没投保的农户情况就更不容乐观。从具体认知情况来看，对各项因素持肯定回答的平均指标为45.3%（表5-4）；在进一步调查中，对"知道农业保险契约的途径"，仅23.7%的受访者是通过订立农业保险契约认知，绝大部分选择"宣传"或"其他"途径，说明农户直接参与订立农业保险契约的比例不高；对"知道农业保险契约的哪些内容"，投保农户对范围、收费、赔付标准等核心因素认知度相对较高，但对具体赔付情况一知半解，尤其是契约规定、保险公司解释和实际赔付相差太大，这说明相对于专业化保险公司和定型化契约，投保农户是弱势群体。

**表 5-3 农业保险契约总体认知度**

| 调查项目 | 选项 | 人数/人 | 权重/% |
|---|---|---|---|
| 是否知道农业保险契约 | 是 | 139 | 47.0 |
| | 否 | 157 | 53.0 |

---

① 目前实践中农业保险契约形式主要包括保单和保险条款两部分，调查中为便于农户理解，一般直接用"保单"和"保险条款"取代"农业保险契约"。

**表 5-4 农业保险契约具体认知度 (1)**

| 调查项目 | 是 | | 否 | |
|---|---|---|---|---|
| | 人数/人 | 权重/% | 人数/人 | 权重/% |
| 是否知道与谁签订农业保险契约 | 87 | 62.6 | 52 | 37.4 |
| 是否知道农业保险契约的具体内容 | 55 | 39.6 | 84 | 60.4 |
| 是否知道理赔及标准 | 74 | 53.2 | 65 | 46.8 |
| 是否知道违约及救济 | 22 | 15.8 | 117 | 84.2 |
| 是否知道农业保险契约的作用 | 75 | 54.0 | 64 | 46.0 |
| 平均值 | 63 | 45.3 | 76 | 54.7 |

注：此数据是在对"是否知道农业保险契约"持肯定回答的基础上进行，故总样本为139

因此，对"是否知道农业保险契约的作用"持肯定回答的刚过半数，体现出投保农户对保险公司的不充分信任。最后，对农业保险契约满意度的总体评价中，不满意以下者竟达51%，说明投保农户不了解现行农业保险契约，满意度很低。对农业保险政策及农业保险契约的宣传是保险公司和政府应尽的责任，是农业保险监管的基础性内容。以上对契约认知的评价直接体现出投保农户对农业保险契约认知度和满意度不高，充分说明农业保险监管的无力（表5-5，表5-6）。

**表 5-5 农业保险契约具体认知度 (2)**

| 调查项目 | 选项 | 人数/人 | 权重/% |
|---|---|---|---|
| 知道农业保险契约的途径<br>（单选） | 签约 | 33 | 23.7 |
| | 宣传 | 77 | 55.4 |
| | 其他 | 29 | 20.9 |
| 知道农业保险契约的哪些内容？<br>（多选） | 范围 | 123 | 88.5 |
| | 费率 | 136 | 97.8 |
| | 赔付 | 76 | 54.7 |
| | 具体权责 | 67 | 48.2 |
| | 其他 | 38 | 27.3 |

注：此数据是对"是否知道农业保险契约"持肯定回答的基础上进行，故总样本为139

**表 5-6 对目前农业保险契约的满意度**

| 对农业保险契约的满意度 | 非常满意 | 满意 | 基本满意 | 不满意 | 非常不满意 | 合计 |
|---|---|---|---|---|---|---|
| 人数/人 | 5 | 27 | 113 | 93 | 58 | 296 |
| 权重/% | 1.7 | 9.1 | 38.2 | 31.4 | 19.6 | 100 |

## 2. 契约订立

契约订立是缔约人意思表示并达成合意的状态，是交易行为的法律运作，产生先合同义务和缔约过失责任。农业保险监管要求保险公司与农户的农业保险关系必须通过正式的契约来实现，这既是农业保险关系确立的形式要求，也是确立契约双方权利义务关系的法律依据，对提高农业保险监管效率、保护投保农户的合法权利、促进农业保险可持续发展具有重要作用。农业保险效力始于契约订立，故本调查主要围绕投保与承保两阶段展开，综合评价农业保险监管的有效性。

调查样本显示，契约订立总体情况不容乐观，对 8 项相关指标持肯定回答的平均值仅为 23.6%，其中，直接参与农业保险契约订立的样本为 17.2%，绝大部分在订立契约前没见过具体条款，更没有体现其自由意思表示。投保方式多以乡（镇）、村为单位统保统赔模式和农户直接投保赔付[①]，农业保险契约投保方一般是村委会，非农户个人，投保农户也不持有完全的农业保险契约（一般只有分户凭证）；同时，农业保险契约是保险公司提供的定型化契约，专业性、技术性强，农户即使接触到也很难理解其内容。这也是前项调查中53.0% 投保农户"不知道农业保险契约"的重要原因。为推广农业保险，地方政府、保险公司都加大了投保前的宣传工作，所以调查中对这方面的肯定回答比例相当高（表 5-7）。但因信息不对称，尤其是农户很难有机会直接参与契约签订，故投保农户对农业保险契约订立的满意度相当低，基本满意以上项总值仅占 14.2%（表 5-8）。

**表 5-7　农业保险契约订立情况**

| 阶段 | 调查项目 | 是 | | 否 | |
|---|---|---|---|---|---|
| | | 人数 | 权重/% | 人数 | 权重/% |
| 投保阶段 | 是否直接参与农业保险契约订立 | 51 | 17.2 | 245 | 82.7 |
| | 订立前是否见过或阅读熟知保险条款 | 11 | 3.7 | 285 | 96.3 |
| | 订立前政府是否提供过相关服务 | 215 | 72.6 | 81 | 27.4 |
| | 订立前保险公司是否提供过相关服务 | 193 | 65.2 | 103 | 34.8 |
| | 订立前其他组织是否提供过相关服务 | 33 | 11.1 | 263 | 88.9 |

---

① 试点地区农业保险投保模式主要有三种，一是以乡（镇）、村为单位的统保统赔和农户直接投保赔付模式，二是以产业化企业作为投保人模式，三是依托乡（镇）政府开展农业保险模式。本次调查地为第一种模式。

| 阶段 | 调查项目 | 是 | | 否 | |
|---|---|---|---|---|---|
| | | 人数 | 权重/% | 人数 | 权重/% |
| 承保阶段 | 投保后保险公司是否及时核保受理 | 93 | 31.3 | 203 | 68.7 |
| | 农业保险契约是否体现自己的真实意思 | 15 | 5.1 | 281 | 94.9 |
| | 是否持有农业保险契约或者保单 | 18 | 6.1 | 288 | 93.9 |
| | 平均值 | 70 | 23.6 | 226 | 76.4 |

表5-8 农业保险契约订立的满意度

| 对订立保险契约的满意度 | 非常满意 | 满意 | 基本满意 | 不满意 | 非常不满意 | 合计 |
|---|---|---|---|---|---|---|
| 人数/人 | 3 | 16 | 23 | 96 | 158 | 296 |
| 权重/% | 1 | 5.4 | 7.8 | 32.4 | 53.4 | 100 |

契约订立情况直接反映农业保险密度和深度，决定农业保险运行的效率，是农业保险监管的重要方面。我国农业保险运行中，农户直接参与农业保险契约订立的机会不多、主动性不强，保险公司为节约成本，在这方面投入不足。以上调查指标说明农业保险监管在契约订立方面还存在盲区，或者说还没有认识到监管应该触及的范围和对契约订立监管在整个农业保险中的基础性作用。

**3. 契约履行**

契约履行是整个农业保险实现的关键和核心，也是农业保险监管的重点内容，包括保险事故发生前、发生后、理赔三个阶段，依靠内部自我履行和外部强制履行两方面，以实现主体权利义务。

调查样本显示，投保农户对自身履行"如实告知"等契约义务表现出充分自信，各项指标肯定评价最低项都超过70%，而事实上在对保险公司、地方政府甚至农户自身的访谈中发现，不遵守契约的道德风险和逆向选择问题仍然存在；投保农户对保险公司履行契约义务意见很大，各项指标评价不高，突出反映在防灾服务和理赔方面，而对理赔不满意主要表现在赔付不及时、赔付不足额、与契约规定的赔付额相差较大；相对而言，投保农户对政府在农业保险契约执行中的表现还是比较满意的，政府在政策性农业保险中确实做了大量工作，有些地方甚至主要是政府在推动（表5-9）。在对农业保险契约履行的整体评价中，不满意以下达53.7%（表5-10），集中表现在保险公司执行契约方面，再次投保率仅35.5%。

表 5-9　农业保险契约履行情况

| 阶段 | 主体 | 调查项目 | 是 | | 否 | |
|---|---|---|---|---|---|---|
| | | | 人数/人 | 权重/% | 人数/人 | 权重/% |
| 事故发生前 | 农户 | 是否已交保险费 | 212 | 71.6 | 84 | 28.4 |
| | 保险公司 | 是否已尽如实告知和通知义务 | 209 | 70.1 | 87 | 29.9 |
| | | 是否提供过防灾等相关服务 | 35 | 11.8 | 261 | 88.2 |
| | 政府 | 是否提供过政策等相关服务 | 235 | 79.3 | 61 | 20.7 |
| | | 是否发生过保险事故 | 102 | 34.5 | 194 | 65.5 |
| 事故发生后 | 农户 | 是否已尽如实告知与通知义务 | 96 | 94.1 | 6 | 5.9 |
| | | 是否已尽救灾与减损义务 | 102 | 100.0 | 0 | 0.0 |
| | 保险公司 | 是否已接受农户通知与请求 | 58 | 56.9 | 44 | 43.1 |
| | | 是否指导农户防损与救灾 | 6 | 5.9 | 96 | 94.1 |
| | 政府 | 是否指导农户防损与救灾 | 64 | 62.7 | 38 | 37.3 |
| 理赔 | 农户 | 是否得到理赔和给付 | 38 | 37.3 | 74 | 62.7 |
| | 保险公司 | 是否及时进行勘验和定损 | 33 | 32.4 | 69 | 67.6 |
| | | 是否及时进行理赔和给付 | 31 | 30.4 | 71 | 69.6 |
| | 政府 | 是否参与了理赔与补贴 | 43 | 42.2 | 59 | 57.8 |
| | | 是否会参与下一季农业保险 | 105 | 35.5 | 191 | 64.5 |

注:"事故发生前"的总样本为296,"事故发生后"的总样本为102,没有发生保险事故的样本不能客观评价事故发生后的行为和理赔

表 5-10　农业保险契约履行的满意度

| 农业保险契约履行的满意度 | 非常满意 | 满意 | 基本满意 | 不满意 | 非常不满意 | 合计 |
|---|---|---|---|---|---|---|
| 人数/人 | 10 | 38 | 89 | 96 | 63 | 296 |
| 权重/% | 3.4 | 12.8 | 30.1 | 32.4 | 21.3 | 100 |

契约履行情况直接反映农业保险实现的效率,是农业保险的主要环节,也是农业保险监管的重要内容。以上调查结果说明投保农户对农业保险履行情况并不是非常满意,集中表现在保险公司执行契约方面,这也是农业保险监管所要关注的重点。

**4. 契约救济**

农业保险契约救济(即通融赔付)是农业保险的必备程序,也是农业保险保障性的终极体现,主要包括契约争议和违约救济两个层面,前者指对农业保险契约执行中各主体发生争议进行处理协调的过程,其方式包括协商、调解、仲裁、诉讼等,我国保险法和合同法都有明确规定;后者指对农业保险契约主体违背契约内容而采取的救济过程,其途径包括实际履行、损害赔偿、解

除合同、无赔偿等，不同救济方式会给契约当事人带来不同激励。农业保险契约救济是农业保险监管的关键。

调查样本显示，投保农户对保险公司执行契约表现不满意比例过半（表5-10），尤其是理赔和给付。"发生过争议或者违约"的样本比例为35.8%，主要集中在赔付数额、标准、时间和方式等方面；在发生过争议的样本中，对处理方式一般选择"协商"和"调解"，两项之和高达93%；而救济结果一般是"无赔偿"或"实际履行"，两项之和占91.5%。由此说明，投保农户与保险公司之间的契约争议还很多，但实际解决方式很少选择具有最高法律效力的"诉讼"和相对规范权威的"仲裁"，处理结果一般是"无赔偿"。同时，很多农户得到的赔偿一般仅为所交保险费、或比保险费稍多的金额，很少获得全赔，即使按照契约全赔，其金额也远远不及生产投入成本，故没有完全起到转移农业风险、稳定农业生产的作用。因此，投保农户对此项满意度仅为32.1%，与预先设定效果大相径庭（表5-11）。

**表5-11 农业保险契约救济**

| 类别 | 调查项目 | 是 | | 否 | |
|---|---|---|---|---|---|
| | | 人数/人 | 权重/% | 人数/人 | 权重/% |
| 发生率 | 是否发生过争议或者违约 | 106 | 35.8 | 190 | 64.2 |
| 争议处理（单选） | 协商 | 53 | 50.0 | – | – |
| | 调解 | 46 | 43.4 | – | – |
| | 仲裁 | 5 | 4.7 | – | – |
| | 诉讼 | 2 | 1.9 | – | – |
| 违约救济（单选） | 实际履行 | 35 | 33.0 | – | – |
| | 损害赔偿 | 3 | 2.8 | – | – |
| | 解除合同 | 6 | 5.7 | – | – |
| | 无赔偿 | 62 | 58.5 | – | – |
| 满意度 | 对争议处理和违约救济是否满意 | 34 | 32.1 | 72 | 67.9 |

注：总样本296，"争议处理""违约救济"及"满意度"样本为"发生率"中选择"是"的样本，为106。其中"满意"是把"基本满意""满意""很满意"一起纳入，"不满意"包括"不满意""非常不满意"

农业保险契约救济不仅需要保险公司的自律，更需要来自保险监管机构的外部监管，是农业保险效率的终极体现，最终决定农户对农业保险的满意度。上述数据显示，农业保险监管在契约救济方面还是任重道远的。

**5. 总体评价**

综上所述，农业保险契约监管主要包括对契约条款的监管与对契约执行过程的监管，归根到底是对农业保险主体的监管，因此，本次调查的核心是参与主体，主要包括投保、执行和理赔三个阶段。

调查样本显示，农户认为在农业保险投保和执行阶段，监管①力度非常有限，最高项比例不超过5%，尤其是在契约履行阶段比例很低，即使认为"有监管"的样本，也主要为村委会干部；在理赔阶段，农户的认可最高项比例不超过10%，尤其是"赔多少、怎么赔"问题，都是保险公司说了算，即使是协商处理，也主要是与村委会协商，一般农户很少有直接参与的机会，监管机构干预似乎也较少；农户对此项总体满意度仅为4.1%，在各阶段中为最低（表5-12）。

表 5-12　农业保险契约监管

| 阶段 | 调查项目 | 是 | | 否 | |
|---|---|---|---|---|---|
| | | 人数/人 | 权重/% | 人数/人 | 权重/% |
| 投保阶段 | 是否有机构监管契约订立 | 9 | 3.0 | 287 | 97.0 |
| | 是否有机构监管保费收取 | 11 | 3.7 | 285 | 92.3 |
| | 是否有机构监管投保信息 | 14 | 4.7 | 282 | 95.3 |
| 执行阶段 | 是否有机构监管服务过程 | 2 | 0.7 | 294 | 99.3 |
| 理赔阶段 | 是否有机构监管勘验定损 | 2 | 2.0 | 100 | 98.0 |
| | 是否有机构监管赔付金额 | 5 | 4.9 | 97 | 95.1 |
| | 是否有机构监管支付方式 | 9 | 8.8 | 93 | 91.2 |
| | 是否有机构监管赔付分配 | 1 | 1.0 | 101 | 99.0 |
| 满意度 | 契约监管是否满意 | 12 | 4.1 | 284 | 95.9 |

注：在"投保阶段""执行阶段"及"满意度"总样本296，"理赔阶段"扣除了没有发生理赔的样本，总样本为102

### 5.2.3　关联分析与主要结论

**1. 关联分析**

通过对农业保险契约运行现状的调查，期望能够从农户个人情况的几个关键因素中找出各个层次农户对农业保险的选择倾向和认知程度，全面反映试点地区农业保险契约的运行绩效。经过统计分析，得出以下结论。

1）契约执行效率与监管强度的相关性

在我国农业保险发展改革时期，农业保险契约执行的效率很大程度上取

---

①　因农户对监管理解较困难，为便于农户理解，此处"监管"泛指"有无政府等机构干预、检查或者过问等"。

决于农业保险监管的强度。当农业保险监管力度大时，农业保险契约执行过程中的违规操作行为少，农业保险契约执行效率高，农业保险发展状况好；当农业保险监管力度低时，农业保险契约执行过程中的违规操作行为较多，农业保险契约执行效率低，农业保险发展状况差。目前我国农业保险发展中遇到的瓶颈就是由于农业保险及其监管制度供给的不足，导致农业保险监管不力，农业保险发展过程中出现一些新问题，这些问题大多与农业保险参与主体的市场规范操作行为相关。因此，随着农业保险及其监管制度的不断完善，农业保险监管的不断加强，农业保险发展过程中遇到的问题会而得到有效解决。

2）投保农户特征与契约执行及监管的相关性

（1）投保农户特征与契约执行效率的相关性。在投保农户特征因素中，"个人文化程度""农业收入比重""家庭耕地规模"三个因素与农户对农业保险契约的认知、参与、执行和监督等呈较强的正相关。"个人文化程度"高、"农业收入比重"大、"家庭耕地面积"大，则对农业保险契约认知度更高、参与意识更强、执行效率更高、评价更客观，更能够促进农业保险的健康持续发展。在投保农户特征因素中，"个人从事农业生产时间""家庭收入水平"两个因素与农户对农业保险契约的认知、参与、执行和监督等呈弱正相关，与预期差距较大。"个人从事农业生产时间长"并没有提高农户对农业保险契约执行的认知度和参与度。相反，因这些农户一般年纪较大，受传统规避农业风险习惯的影响和对自身技术及经验的自信，不积极参与农业保险；"家庭收入水平"也不是目前农业保险推行的主要障碍，中央政府和地方政府75%以上的补贴，使保险费已不再成为农户的经济负担。

（2）投保农户特征与农业保险监管的相关性。投保农户特征与农业保险监管具有一定相关性。在投保农户特征因素中，个人文化程度高、农业收入比重大、家庭耕地规模大、个人从事农业生产时间长、家庭农业收入比重大的农户，对农业保险监管的认识深刻，对农业保险监管的需求大，对促进农业保险监管效率的提高有正向的积极作用。反之，个人文化程度低、农业收入比重小、家庭耕地规模小、个人从事农业生产时间短的农户，对农业保险监管的认识不足，对农业保险监管的需求不大，对促进农业保险监管效率提高的积极作用不明显。

**2. 主要结论**

（1）参与度。在农业保险契约执行中投保农户参与度不高，被动参与农业保险，有效参与不足；契约订立中，投保农户的契约主体地位被代理，直接参与的不多；契约履行中，投保农户很少参与公众监督、理赔谈判，处于弱势群体，再次投保意愿不强。另外，有些保险公司和地方政府参与农业保险的态度两极分化。

（2）认知度。投保农户在农业保险运行中缺乏主体意识，对农业保险契约没有一个完整清晰的认知，对契约条款不熟悉、功能不清楚，对参与主体权责认识不清，其自身存在拖欠保费、投机等行为。有些保险公司和地方政府对农业保险契约也不够重视，流于形式。

（3）履约力。农业保险契约整体执行情况不容乐观。从投保农户看，存在道德风险、逆向选择、"骗保、骗赔"等行为；从保险公司看，注重承保、规避理赔、忽视中间环节和后期服务，存在信息不对称与操作不规范，甚至局部存在虚假承保套取财政补贴等行为，契约执行效率不高；从政府看，在政策宣传、协助投保、防灾减损、提供补贴等方面作用突出，但存在越位、无位、缺位、错位等行为，职责定位和角色分配不准。

（4）救济力。在争议处理和救济中，农户一般只能选择协商、调解等方式，处理结果往往对他们不利，赔偿所得远远不足以弥补风险损失，农业风险没有有效转移，农业保险作用没有完全体现。救济不足降低了农户再次投保的积极性。

（5）监督力。农业保险契约运行过程中，投保农户、保险公司和政府三大主体内部监督缺乏实现条件，而保险监管部门的外部监督介入力度也不大，监管不足，特别是在对保险公司的不规范行为和对农业保险补贴及其赔付资金的流向监管方面。

（6）满意度。从整个过程看，投保农户对农业保险宏观政策满意度高，对微观操作满意度低；对政府满意度高，对保险公司满意度低；对政策宣传满意度高，对政策落实情况满意度低。

因此，从宏观情况看，农业保险试点已经取得阶段性成功，但是从农业保险契约执行的微观过程看，还存在许多不合拍的地方，这就形成了目前农业保险运行的两大问题，即农业保险运行监管不力和农户再次投保意愿低。其中农业保险监管不力决定了农户再次投保意愿低，最终决定农业保险运行效率低，这正是农业保险持续深入发展的主要障碍。

基于契约执行视角通过对农户的实证调查，不难发现，农业保险监管对整个农业保险契约运行及农业保险持续发展起着极其重要的作用。在我国农业保险契约履行过程中，从投保农户的视角看，农业保险监管还存在很多不足的地方，如对保险公司履行契约过程的监管、对政府参与农业保险的监管，乃至对投保农户自己某些方面的监管，都还显得力度不够。因此，要提高农业保险监管的有效性，促进农业保险可持续发展，必须在加大农业保险监管力度等方面继续提高农业保险监管的效率（邓义等，2012）。

## 5.3 农业保险监管有效性的现实分析

基于前述模型分析与实证分析，农业保险监管有效性的现实分析主要是从农业保险监管的双方主体——监管人与被监管人的现实分析角度展开。被监管人主要是指农业保险的参与主体，包括农业保险机构、参与政府及投保农户；监管人是以保监会为主体并包括其他部门及其分支机构。本节尝试从监管人与被监管人视角全面探讨农业保险监管制度执行中的现实效率。

### 5.3.1 被监管人主体的现实分析

农业保险不同于一般商业保险，这是由其政策性特点决定的。农业保险的政策性特点决定农业保险参与主体也与一般商业保险有很大区别，它不仅包括农业保险机构和投保农户，还包括参与农业保险补贴的各级政府机构。农业保险是"有国家补贴的商业保险"，其监管的核心除了市场监管、偿付能力监管、公司治理结构监管外，还需要加强对财政补贴及补贴去向的监管。所以，目前农业保险监管对象及其存在的问题也与此相关。

**1. 农业保险机构：内生动力和有效供给不足**

保险机构是保险业务的承担者，是保险的核心主体，也是保险监管的主要对象。就一般商业保险而言，保险监管对于保险机构监管是以偿付能力为核心的监管体系，对于农业保险监管而言，尽管我国农业保险目前初步定为"有国家补贴的商业保险"，但其政策性是毋庸置疑的，其监管仍然有自身的特点，其内容仍然是以市场监管为核心的体系。

推动我国农业保险可持续发展，防范经营风险的产生，保险公司的主体作用至关重要，但目前我国农业保险发展中部分保险公司内生动力和有效供给不足。无论是专业农业保险公司、相互农业保险公司，还是综合性财险公司，在农业保险经营中都存在内生动力和有效供给不足问题：

（1）风险问题。因农业保险巨灾风险应对机制尚未建立，保险公司经营管理农业保险一般面临巨大风险，为规避风险，有的保险公司故意压低或减少赔款、拖延或拒绝赔付等。

（2）利润问题。农业保险经济效益小于社会效益，税收优惠和商业保险补贴很难满足其利润要求，部分保险公司采取违规方式实现对农业保险业务的费用支持，甚至存在虚假承保套取财政补贴的行为。

（3）成本问题。农业保险基础脆弱，成本高昂，尤其是在数据统计、保费收缴、勘验定损等方面，为减少成本，保险公司简化程序、精简机构，过多依靠村委会等基层组织，有的保险公司或其分支机构甚至没设农业保险部门。

（4）地位问题。农业保险公司相对地方政府明显处于弱势地位，为依靠地方政府推行农险业务，寻租于地方政府，导致内部治理混乱。

（5）产品供给。从博弈角度看，保险公司的逐利性使其不愿开发和推广农业保险产品，导致有效供给不足。

### 2. 参与政府：职责定位和角色分配不准

各级政府是农业保险的重要主体，承担着农业保险财政补贴及落实到位的职责，是农业保险持续发展的主要推动力量。没有各级政府的参与和各级财政补贴的落实及政策扶植，农业保险这种高风险、低经济效益的产品根本无法在农村展开。

目前，我国部分地方政府在农业保险工作中职责定位和角色分配不准。具体而言，农业保险的本质属性决定政府在其运行过程中必然发挥关键作用，但部分地方政府在农业保险工作中存在一定的错位、越位、缺位、无位现象。错位：把农业保险作为套取上级财政补贴的工具，甚至向保险公司寻租。越位：包办农业保险的承保组织、保费收缴、查勘定损、赔款支付等一系列工作，使农业保险转变为纯政府行为。缺位：有的地方政府把农业保险工作完全推给保险公司。无位：地方财政无力给不断增加的农业保险保费补贴提供地方配套资金。

### 3. 投保农户：有效需求和直接参与不足

农业保险是一项惠农政策，直接针对的对象是农户，农户是农业保险不可缺少的主体，也是农业保险监管不可缺少的对象。

对投保农户而言，由于文化和综合素质不高，在农业保险参与方面的意识不足，目前大部分农户在农业保险运行中的有效需求和直接参与度不足。首先，大部分农户对农业风险认知水平不高，对农业保险的作用认识有限，所以对农业保险的有效需求不足；其次，许多农户都是被动参与农业保险，不是真正的农业保险契约缔约方（农业保险契约一般不针对个体农户而是村组织），多数参保农户不持有保单，不了解农业保险契约的详细内容，因此直接参与度不足，不能切实发挥公众监督功能，也不能有效保障自身利益；最后，部分农户在农业保险中存在道德风险和逆选择，"骗保、骗赔"时有发生，增加了经营农业保险业务的困难（徐向勇，2011）。

从农业保险监管具体实践情况看，被监管人的行为往往不一定是个别行为或者单一行为，因为政府、保险机构和农户都具有一定的寻租性、逐利性和道德风险。自2007年以来，在个别农业保险险种上，曾因监管不严，产生多起联合骗保、骗补、挪用、套取财政补贴、虚假理赔等行为。其中轰动全国的吉林省白城骗保案是一起典型的涉及政府、保险公司、投保人（主要是村干部）三方主体联合违规的案例，该案立案45件，74人被法院作出有罪判决，查处涉案金额高达618.32万元，为国家挽回经济损失2000多元[①]。国家审计署于2010年5~7月，对中国人保及其所属机构2009年度的资产负债损益情况进行审计，发现违规承保4.12亿元，虚假投保农业险占很大比例。自2010年以来，阳光农业保险公司、中国人民财产保险公司、中华联合财产保险公司在多地分支机构的案件多次被披露，涉及骗取农业保险财政补贴资金、套取粮食保险保费资金、编造保险事故骗取保险金等问题。类似案例虽然非普遍现象，但绝不是个别现象，是农业保险政策实现的主要障碍，体现出目前农业保险市场存在发展瓶颈，同时也说明，如果监管不力，将会增加农业保险运行成本，降低补贴配置效率，损害公共利益，阻碍农业保险政策目标的实现（邓义和陶建平，2013）。

## 5.3.2 监管人主体的现实分析

通过对农业保险监管中的被监管人的现实分析，可以发现监管是极其重要而迫切的，但从监管人自身角度看，仍然存在许多影响监管有效性的现实因素。

### 1. 监管缺乏系统的制度依据

农业保险监管的前提和基础是有法可依，其运行监管必须依据完善的法律制度，这是根本和核心问题，上述许多问题都因此而存在。在通过《农业保险条例（草案）》之前的30余年时间里，我国一直没有一部农业保险方面的专门立法，农业保险的试点及推广在无法可依的情况下摸索展开。为推动农业保险的发展，监管机构只能在现有的制度构架下寻求合法性支持，于是《保险法》《农业法》《合同法》《会计法》《审计法》《财政法》《监察

---

① http://dnews.365jilin.com/html/2010-04/28/content_146039.htm.

法》等成为监管农业保险的法律依据和制度来源。但是这些法律并不完全适用于农业保险及其监管，一是这些法律对农业保险及其监管没有具体可操作的规定，只有一些原则性的描述，如《农业法》（2002 年修订）规定"国家逐步建立和完善政策性农业保险制度"，二是在保险监管方面主要还是适用于一般商业保险，排除对农业保险及其监管的适用，如《保险法》（2009年修订）规定"国家支持发展为农业服务的保险事业，农业保险由法律、行政法规另行规定"等。而实践中却是用监管一般商业保险的法律依据和监管模式来监管农业保险，与《保险法》本身相矛盾，其效力可想而知。另外，在政策方面，我国连续 11 年的中央一号文件都对农业保险予以高度关注，国家高度重视和支持政策性农业保险的发展，但是政策的可执行性需要上升到法律层面才具有实现的更大可能。因此，无论是全国性制度供给，还是农业保险监管的地方性制度供给与农业保险监管的具体操作性制度供给，都滞后于农业保险及其监管实践的发展，没有形成系统的农业保险监管制度体系，从而导致监管人监管效率不高。

**2. 没有形成独立的监管机构**

农业保险的性质不同于一般商业保险，其政策性、复杂性、技术性、综合性等特点决定其监管必须有独立的机构和专业的监管人员。成功的农业保险监管关键在于监管机构有相对独立的地位、相应配套的职权、相当充分的资源、比较专业的农业科学和农业保险知识。农业保险发达的国家一般都设立独立的监管机构，如美国的农业风险管理局、日本农林水产省等。我国的农业保险监管机构一直由保监会为主多头监管，保监会分身乏术，其他机构各自为政，机构不独立、主体缺位，农业保险运行监管效果当然不明显。

**3. 监管方式不配套**

农业保险本身的复杂性决定了监管方式的复杂性。农业保险不同于一般财产险业务，承保标的具有生命特征，品种繁多、生长情况各异、面临风险不同，加之规模庞大、农户众多等因素，使其运行呈现特殊性。在勘验定损方面，契约规定抽象、定损技术落后，缺乏精确量化手段，主观性强，可塑性大，钻空子机会多；在支付渠道方面，没有形成统一权威的支付方式和渠道，甚至广泛存在现金赔款支付方式，资金流向呈多元化，跟踪监督难度大；在信息化方面，基础设施落后、数据备案不全，信息沟通不畅，尤其是投保、理赔及农户个人信用记录等信息不足，监管难度大；等。因此，复杂的运行过程加上不够配套的落后监管方式，农业保险各种违规操作较多。

#### 4. 监管机制不够健全

基于我国农业保险契约执行机制模式，农业保险的监管机制应该包括内部监管和外部监管两个方面。从外部监管看，财政、审计、监察、保险监管等部门均有权对农业保险开展相关监管，农业保险外部监管总体呈多头监管格局，依据不同、目标有异、方式有别、权责不明，要么互相推诿、要么互相争抢，缺乏协调，显失公平，效率不高；从内部监管看，三大主体之间的信息不对称问题严重，声誉约束缺乏社会环境和制度保障。因此，监管机制不健全导致我国农业保险的运行存在许多不规范的问题（徐向勇，2011）。

### 5.3.3　农业保险主体监管的有效性评价

#### 1. 农业保险主体监管成本相对较高

农业保险主体监管成本主要包括直接投入成本、间接损失成本以及其他成本，这里主要考虑监管制度执行成本，是指监管机构和被监管者为执行监管制度而耗费的成本，主要包括农业保险监管机构设置成本及监管运行成本，以及被监管者为配合监管机构工作而耗费的成本。前者如监管机构办公成本、监管人员工资福利和教育成本、监管过程成本等，后者如保险机构配合监管所支出的参与人员工资、占用场所、雇佣专家及业务损失等成本，这些成本也都是可以物化成货币的成本，是可以衡量的。间接损失成本是指除监管制度安排和监管制度执行等直接成本之外，在农业保险监管执行中导致间接损失所耗费的成本，主要是由保险监管行为造成的实际社会福利损失，包括对低效率保护的效率损失、道德风险导致的效率损失、逆向选择导致的效率损失、合规经营成本等（董辉，2010）。农业保险监管的间接成本大部分指标一般很难直接用物化成本衡量。农业保险本身具有分散性、复杂性、综合性特点，加上目前农业保险监管基础设施不健全，如监管网络还没有形成、监管信息化不发达、监管数据库不齐全等，从而增加了农业保险监管的直接成本，同时，对无形成本或间接成本的投入也较大。也是基于农业保险监管成本的考量，我国农业保险监管在机构设置、人员配备、硬件建设、软件更新等方面都力不从心，尽量节约成本投入，以提高监管有效性。

#### 2. 农业保险主体监管收益相对较低

农业保险监管的收益主要包括农业保险监管对农业保险市场发展、对"三农"经济的推动、对国民经济的贡献以及对社会主义新农村建设和社会主义和谐社会构建等方面的收益。其中农业保险监管对农业保险市场发展的收益主要通过农业保险市场发展规模的比较分析、农业保险发展密度与深度的比较分析等途径获取，是保险监管最直接的收益；对"三农"经济推动的收益主要通过考量农业保险监管对农民收入、农业生产、农村经济等指标的获取；对整个国民经济贡献的收益主要通过对农业保险监管下农业保险市场发展对国民生产总值和对金融业等贡献分析获取；对社会主义新农村建议和社会主义和谐社会构建的收益主要通过对农村社会保障水平和城乡统筹发展等比较分析获取。由此可见，农业保险监管的收益包括经济效益和社会效益，经济效益可以物化为货币进行衡量，而社会效益就很难物化为货币进行衡量，只能通过描述性和对比分析获取（李薇，2011）。

由于农业保险具有更多的保障功能和政策属性，而保障功能和政策属性的很多方面是无法直接进行定量分析的，所以农业保险监管收益也不能用一般的商品估价方法来衡量，其收益突出表现在对可能出现的农业风险的避免、对国家政策补贴的配置效率上，由此决定了人们更愿意从避免灾难、减少损失等角度来考虑农业保险监管的收益。

由于我国 2004 年以来开始试点有中央补贴的农业保险，农业保险获得长足发展，尤其是在 2012 年，我国有中央补贴的农业保险在全国展开，农业保险取得宏观上的初步成功，在这种背景下，农业保险监管的重点一是促进政策补贴的落实和配置效率，二是规范农业保险机构的经营行为和投保农户的投保理赔行为。基于我国目前的背景和农业保险监管力度函数分析，我国目前处于农业保险监管力度不足时期，农业保险参与主体存在不规范问题，如政府补贴不到位、保险公司不规范经营、农户的逆向选择与道德风险等，迫切需要加强农业保险监管。农业保险监管力度的加大，可使农业保险监管收益增加，微观上表现在通过对农业保险参与主体的监管获得收益方面，包括农业保险监管成本的增加，有利于提高国家补贴落实的效率，推动农业保险的大发展、有利于规范农业保险监管的经营行为，提高农业保险运行的质量，为农业产业提供风险保障、有利于规范投保农户的投保行为，提高农业保险资金的运行效率等，宏观上表现为对"三农"的发展、对国民经济的贡献、对社会主义新农村建设和社会主义和谐社会构建的推动等，因此，既包括可以具体测度的经济效益，也包括只能宏观描述的社会效益。

### 3. 农业保险主体监管需要提高效率

农业保险监管效率是农业保险监管成本投入与收益产出的比率，效益决定农业保险监管的方向与目的，是结果；而效率决定农业保险监管的质量与速度，是过程，结果的实现必须依赖过程。因此，从目前的现状看，提高农业保险主体监管的效率，对于农业保险监管目标的实现和农业保险的可持续发展具有重要的现实意义。

# 第 6 章
# 我国农业保险监管有效性的障碍分析

基于对我国农业保险监管有效性的宏观分析和微观分析，理念障碍、制度供给障碍和制度执行障碍是影响我国农业保险监管有效性的主要障碍。其中理念障碍制约着制度设计和供给、制度设计与供给制约着制度执行，从而最终制约着农业保险监管的有效性。本章试图从理念、制度供给与制度执行三个维度，综合探讨我国农业保险监管有效性的主要障碍。

## 6.1 农业保险监管的理念障碍

农业保险监管理念是影响农业保险监管有效性的重要因素。按照发达国家农业保险监管有效性的经验，农业保险监管体现的是动态监管、依法监管、适度监管等先进理念。但是我国农业保险发展时间不长，农业保险监管有效性的理念不成熟，农业保险监管效率不高（赵国新，2008）。

### 6.1.1 市场理念落后

我国实行的是社会主义市场经济体制，市场经济的基本理念和原则是平等性、竞争性、开放性、法治性。农业保险是作为"有国家补贴的商业保险"，尽管具有很强的政策性，但仍处于社会主义市场经济体制之下，从其运行模式看仍然采取商业保险或者说比照商业保险运行，必须尊重其商业运行的市场规律，因此其监管也必须坚持市场理念。农业保险监管中，市场理念最基本的要求就是尊重市场规律，坚持主体地位平等，转变政府职能，提高服务意识。受我国过去长期的封建传统、计划经济和历史习惯影响，在目前的农业保险监管中，监管人在行使监管权的过程中，以及在农业保险监管中，有的还存在行政至上、以罚代法、官本位、讲关系等思想和行为，缺乏市场理念的平等意识、法治意识、服务意识，办事拖拉、行政执法效率低，还没有完全适应市场经济条件下的农业保险监管。同时，被监管人也迎合了这种思想，从一定程度上助长类似行为的发生。市场理念对农业保险监管的影响是隐形的、深远的，是农业保险监管中非常容易忽视的基本理念。

## 6.1.2 依法监管理念淡薄

市场经济是法治经济，农业保险监管必须依法进行，依法监管是农业保险监管有效性的核心理念，是监管程序化的基本要求。这里的法是广义的概念，即农业保险监管制度，其中的核心是法律。从监管主体看，我国农业保险监管无论是监管人，还是被监管人，都存在法治观念淡薄的问题，如监管人的以罚代法行为、被监管人的骗保骗补行为等。从监管依据看，我国农业保险法律体系不完善，缺乏农业保险基本法，已出台的法律法规效力不高、部分法律法规条款内容不够合理，农业保险监管机构不独立，内部工作职责界定不清晰，个别部门工作职责存在交叉，监管主体"一主多头"，各个机构协调不够等，这也是农业保险监管法治理念不强在制度供给上的集中表现。

## 6.1.3 动态监管理念缺乏

发达国家农业保险监管经验说明，农业保险监管是动态监管，是对农业风险评估和农业风险管理等多方面进行监管，是对整个农业保险过程的监管，是在农业保险监管过程中根据实际需要不断调整监管策略、监管方式、监管强度的动态过程，是过程与结果的统一、动态与静态的统一。从我国农业保险监管的实践情况看，受监管实践经验、监管技术手段、监管工作人员素质、监管软硬件构成等影响，大部分监管行为发生在市场违规出现之后，属于事后救济，而且这种救济多是以处罚等方式处理。例如，吉林省白城特大农业保险骗保案，历时2年，涉案74人，涵盖政府、保险公司、投保人（主要是村干部）3方主体，立案45件，涉案金额高达618.32万元，如果坚持动态监管理念，启动科学的违规监管预警机制，提前从源头上介入，并渗透到农业保险运行的整个过程，不仅可以降低事后救济的监管成本，而且可以避免违规行为的发生。

### 6.1.4　适度监管理念缺乏

　　农业保险监管是适度监管，在不同时期、不同条件、不同实际情况下，农业保险监管的度是不一样的。在有些情况下需要加大监管力度，实行严格监管，有利于农业保险市场的秩序与安全；在有些情况下需要适当放松监管，以提高农业保险市场的活力和创新能力。适度监管并非放松监管，而是把握好监管的松紧度，是放松监管与加强监管的有机统一。我国农业保险监管以严格监管为主，对农业保险运行中的各种不规范行为以严厉打击和惩罚为主，以此确保我国农业保险市场的稳定与安全。但是由于我国农业保险起步晚、发展缓慢，即使在 2007 年之后的高速发展阶段，农业保险发展的持续动力仍然不足，近年来出现发展趋缓的局面，这固然与多重因素有关，但过度监管与监管不到位是其中重要的原因。

## 6.2　农业保险监管的制度障碍

　　制度是农业保险监管的依据，制度障碍在农业保险监管中是基础性的问题。我国农业保险监管的效率不高，很大程度上与制度缺失相关，主要表现在制度设计不足和制度供给不足。

### 6.2.1　监管制度设计障碍

　　按照当前世界农业保险的通行做法，一般将农业保险定位为政策性保险，其监管具有自身特点和独立体系，最基本的特征是依据专门的农业保险法律，设立独立的监管机构。但根据已经出台的《农业保险条例（草案）》（2012）规定，现阶段我国农业保险属于"有国家补贴的商业保险"，其监管遵照商业保险模式，依据商业保险法，实行"一主多头"的监管体系，因此，在制度设计方面存在许多在目前机制下无法解决的矛盾。

　　我国农业保险监管在制度设计方面还没有形成独立的制度体系，在农业保险监管的具体操作制度上，一直遵循商业保险做法，实行以严格监管为主、以非市场化手段为主的分业监管模式。在这种模式下，我国农业保险机构得到了迅速发展，不仅有许多商业保险公司成为农业保险合法经营主体，而且新成立了一批专业农业保险公司，农业保险市场稳定发展、农业保险业务规范展开。但在制度设计方面仍然存在较大的矛盾，主要表现在：农业保险的商业保险与政策性保险之争、农业保险监管机构的独立与分立之争、农业保险监管机制的协调与不协调之矛盾、农业保险监管的越位与缺位之争、农业保险的市场准入与市场退出之争等。

　　一般而言，制度的性质往往由制度调整对象的性质决定，制度的性质决定制度设计框架和整个体系机构。我国农业保险及其监管制度设计方面存在的矛盾与冲突，归根到底是由对农业保险本身性质定位的分歧所导致。我国对农业保险性质的定位先后经过了"政策性保险—商业保险—政策性保险—有国家补贴的商业保险"的演变，性质的定位决定不同时期农业保险及其监管制度的构建，也直接决定了我国农业保险先后经过"试办恢复—萎缩—高速发展—减缓发展"的历程。所以，《农业保险条例（草案）》的出台，一方面使我国农业保险及其监管结束了长期以来无法可依的局面，对当前农业保险的规范化发展具有里程碑意义；另一方面，对农业保险过渡性的性质定位，又引起人们对农业保险更多的争议，更重要的是，在这种定位下农业保险及其监管法律制度体系设计将面临新的挑战——《农业保险条例（草案）》从制度设计方面是违背其上位法《保险法》、《农业法》的，按照法的效力理论应该是无效的，而这种矛盾到底如何解决，《农业保险条例（草案）》下的农业保险监管法律体系到底如何构建，将直接影响农业保险监管有效性，是目前农业保险监管的最大障碍。

## 6.2.2　监管制度供给障碍

　　当制度处于非均衡状态时，制度变迁即发生。根据制度需求与供给的均衡分析，我国属于典型的制度供给不足型非均衡，因此制度供给是解决目前农业保险监管制度缺乏、农业保险监管不力现状的根本途径。从我国目前制度供给的途径看，有正式制度供给与非正式制度供给，有立法机关的制度供给、行政机关的制度供给、司法机构的制度供给、党的机关的制度供给，有中央国家机关的制度供给与地方机关的制度供给，还有保险行业协会、消费者协会等组织的制度供给，但其中最核心、最重要的还是立法机关、行政机关、司法机构的制度供给，尤其是立法机关的法律制度供给，是农业保险监管制度供给的核心内容和主要来源。但是现阶段我国立法机关供给的法律制度主要有《保险法》《农业法》《合同法》等，对农业保险及其监管并无详细可操作性的规定，不适用于农业保险及其监管，甚至直接排除对农业保险的监管，如《农业法》（2002年修订）明确规定"国家逐步建立和完善政策性农业保险制度"，《保险法》（2009 年修订）规定"国家支持发展为农业服务的保险事业，农业保险由法律、行政法规另行规定"等，其内容并无农业保险及监管的具体规定，实践中则完全是套用《保险法》中关于商业保险监管的规则。《农业保险条例(草案)》结束了我国农业保险及其监管长期以来无法可依的局面，但从制度供给层次上讲还是一部行政法规，未纳入国家立法机关的体系，上升为《农业保险法》还需要一个过程。另外，相关政策性规定多，缺乏持续性和稳定性。因此，我国农业保险监管的法律制度很不完善，缺乏农业保险基本法，尚未形成系统的农业保险监管法律体系。制度供给障碍影响我国农业保险监管有效性。

# 6.3 农业保险监管的执行障碍

农业保险监管的效率最终由制度执行的效率决定，科学的执行机制是农业保险监管高效的保障。农业保险监管执行机制主要包括由监管机构、监管对象、监管内容、监管方式、监管能力以及监管机制等方面组成的完整执行体系。

## 6.3.1 监管机构障碍

农业保险的性质不同于一般商业保险，其监管必须有独立的专业机构或者有独立职权的专业部门。我国的农业保险监管机构一直由保监会为主多头监管，农业保险监管仅为保监会众多监管任务之一，其他机构各自为政，机构不独立、主体缺位，农业保险监管执行效率低。农业保险监管机构不独立是农业保险监管执行效率不高的主要障碍。

## 6.3.2 监管对象障碍

农业保险监管虽然依照商业保险监管模式进行，甚至监管机构都是相同的。但是农业保险监管对象与一般商业保险监管对象还有很大不同。一般商业保险监管目前已经初步形成了以监管市场偿付能力为核心的监管体系，即保险监管的对象为保险机构。但是农业保险则不同，由于农业保险参与对象除了农业保险公司与投保农户之外，还有参与农业保险补贴的各级政府。投保农户参与农业保险带有投机心理，同时，政府补贴也带有一定的功利性。农户是否规范投保与获得理赔，以及参与政府是否兑现了农业保险补贴等，都是农业保险监管的重要对象。监管对象构成的复杂性、规范性，使农业保险监管面临一定的挑战。

### 6.3.3 监管内容障碍

农业保险监管内容是农业保险监管制度的重要部分，是监管主体监管行为指向的对象及监管主体的任务职责，明确监管内容，实现职责任务，才能实现农业保险监管目标。与商业保险相比，我国农业保险监管的内容更广泛、更复杂，主要表现在农业保险监管的内容不仅仅是以保险机构的偿付能力为核心的监管内容体系，更多的是针对以农业保险市场行为为主体的监管内容体系，这其中就包含对参与农业保险经营的保险机构的市场违规行为、投保农户的市场违规行为和参与补贴的各级政府的各种不规范操作行为，以确保农业保险政策的落实和农业保险市场的稳定发展。

我国农业保险监管沿用商业保险监管，虽然在保监会专设农业保险监管部门，但总体仍然没有脱离商业保险监管的模式，所以在监管内容方面无法摆脱商业保险监管的体系，影响农业保险监管有效性的提高。同时，目前我国农业保险监管机构对农业保险监管内容并不明确，尤其是没有专门制度予具体规定，如对于地方政府参与农业保险补贴，虽然有规定，但没有强行的约束和监管机制，从而导致地方政府补贴不到位，影响农业保险的推行。

### 6.3.4 监管方式障碍

农业保险的性质和本身的复杂性决定监管方式的复杂性和配套性。在农业保险的现场监管方面，监管机构的监管工作方式主要凭借传统的现场查勘照片、查勘记录、气象证明等材料，很少借助现代科技，难以鉴别定损金额准确性与赔案真实性，查实假赔案、虚增赔款等违规问题的难度较大；在非现场监管方面，因信息化基础设施落后、数据备案不全，信息沟通不畅，尤其是投保、理赔及农户信用记录等信息不足，监管难度大；另外，在支付渠道方面，由于没有形成统一权威的支付方式，甚至广泛存在现金赔款支付方式，资金流向呈多元化，跟踪监督难度大，等等。总之，农业保险监管方式不配套，违规操作现象多，监管执行效率低（徐向勇，2011）。

### 6.3.5 监管能力障碍

监管人员素质直接决定农业保险监管执行效率。我国保险监管起步晚，农业保险监管起步更晚，监管人员对现代农业保险监管理念、技术和手段的了解、认识和掌握比较有限，尤其是缺乏专业性，体现在：一是农业保险监管选择的一部分农业技术人员为监管人员，比较缺少保险业务知识与精算能力；二是选择的一部分保险专业人员为监管人员，又缺少农业技术知识。这在很大程度上直接影响了农业保险监管的效率。

### 6.3.6 协调机制障碍

我国农业保险由保监会为主多头监管，有农业保险监管权的各方，监管依据不同、目标有异、方式有别、权责不明，存在监管重复或监管真空问题。农业保险监管需要一个多方的协调机制，协调好财政、审计、监察等各相关部门的工作。这一协调机制在农业保险监管执行中具有根本性。

# 第7章
# 农业保险监管的域外考量

目前世界上农业保险运行模式有很多种，根据各国经济社会发展状况主要分为三大类，第一类主要为发达国家，一般采用政府主导模式、政策优惠模式与民营保险相互会社模式，第二类主要为发展中国家，往往采用国家重点选择性扶持模式，第三类主要为苏联和东欧国家，主要采用政府垄断模式。无论哪个国家选择哪种模式，监管都是其核心组成部分。农业保险监管是农业保险举办较为成功国家在其发展过程中的共同特点，它们在农业保险的理论与实践中逐步形成一套具有本国特色的农业保险监管体系。本章通过对不同类别几个典型国家农业保险监管的分析，探讨其成功之处，以求对我国农业保险监管的有益借鉴。

## 7.1 发达国家农业保险监管分析

发达国家的农业保险主要采用政府主导、民营保险相互会社和政策优惠等模式，其中政府主导模式的代表国家为美国、加拿大等，民营保险相互会社模式的典型国家是日本，政策优惠模式的典型代表是西班牙、法国等。本节拟选取美国、日本和西班牙进行分析，探讨发达国家不同模式的农业保险监管体系。

### 7.1.1 美国

美国是世界上农业最发达的国家之一，其农业科技化、专业化、社会化程度均居世界之首。但是美国农业生产同样面临各种自然灾害，为减少农业风险损失、促进农业及整个国民经济持续发展，其建立了完善的农业保险制度。美国农业保险选择的是政府主导模式，建立了与此相对应的监管体系，在该体系中，其最大的特点在于：通过完善的农业保险监管法律制度对农业保险予政策补贴、税收优惠、业务支持等；建立以农业风险管理局为核心的独立监管机制，提高农业保险监管制度的执行效率。

### 1. 完善的农业保险监管法律制度

为促进农业保险的发展，美国制定了一系列的法律，作为其制度保障。1938 年，经过 40 多年的实践和研究，美国联邦政府通过《联邦农作物保险法》，为建立和完善农业保险补偿制度提供了最基本的法律依据，以后又进行了 13 次修改完善（张长利，2009），从 1984 年开始在全国推行；1994 年，为提高农作物保险参与率，美国出台《联邦农作物保险改革法》，促进了农作物保险制度的进一步完善和发展；1996 年，美国制定《联邦农业进步与改革法》，对 1994 年《联邦农作物保险改革法》进行修正；2000 年，美国政府又颁布《2000 年农业风险保护法》，成为美国农业保险快速发展的又一法律制度保障，等等。这一系列的农业保险法律制度供给，构成美国农业保险监管体系的重要组成部分，是提高美国农业保险监管有效性的前提和执行依据。

### 2. 独立的农业保险监管机构

为提高美国农业保险监管有效性，促进农业保险持续发展，美国政府通过立法设立了独立的农业保险监管机构——农业风险管理局，这是美国农业保险的又一大特色和亮点，是农业保险高效运行的重要措施。为加强对农业保险的监管，以增强农业经济稳定性，提高国民的福利水平，提高农业保险运行效率，1938 年，美国联邦政府通过《联邦农作物保险法》，并根据该法规定设立了联邦农作物保险公司（PCIC），为农业部下属机构，全权行使《联邦农作物保险法》所赋予的权利，其主要职权除了负责制定、履行农作物保险规则、为农业保险公司提供再保险外，重点就是行使稽核与监督权，加强对私营农作物保险公司的监管（刘欣，2004）。1996 年，《美国联邦农业进步与改革法》的出台具有重要的标志性意义，美国政府依据该法规定，设立风险管理局（RMA）作为农业部中一个独立机构，全面取代原联邦农作物保险公司风险管理服务事务，专司农业保险监管职能，承担农业保险法规及政策的制定、监管、再保险等工作，成为美国农业保险监管体系最为重要的组成部分（Richard et al.，1999；Hard and Babcock，2001）。农业风险管理局作为美国独立的农业保险监管机构，根据《美国联邦农业进步与改革法》的规定，其主要职权包括制定农作物险种标准条款、厘定农作物保险费率、提供农作物定损标准和通用定损标准、构建农作物保险数据库、出台补贴政策和提供补贴，协商签订标准再保险协议提供再保险支持等，以及对美国农作物保险的相关法律、法规、政策、协议、结算、报表等执行情况进行监管。这些职权的赋予对于提高美国农业保险监管效率，实现农业保险风险管理职能，促进美国现代农业的发展等起到重要的作用。

## 7.1.2 日本

日本也是属于世界上农业最发达的国家之一，而且作为一个岛国和以山地面积为主的国家，其农业生产面临更大更多的风险，所以日本也非常重视农业保险。但是与美国相比，在模式选择方面还是有很大区别的。日本在农业保险方面选择独具本国特色的民营保险相互会社模式，在这种模式下，国家以专门立法的形式，确定承担农业保险业务的主体是具有互助性和民间色彩的农业共济会，并且将主要关系国计民生和对农民收入影响较大的农作物和畜种纳入法定保险范畴，实行一定的强制保险，中央政府则对保费和管理费进行补贴，由专门的机构进行监督和指导。尽管如此，日本农业保险的成功与美国相同，仍然离不开其监管体系，尤其是在其监管法律制度建设和监管机构设置方面。

### 1. 完善的农业保险监管法律制度

日本政府对于农业保险的关注和研究甚至比美国还要早，在 1928 年就开始广泛收集实施农业保险所必需的统计数据，对农业保险的可行性进行研究，进而制定和颁布一系列的法律制度，逐步形成完善的农业保险及其监管法律制度体系。1929 年，日本政府制定《牲畜保险法》，标志着农业保险的开始；1938 年，为应对世界经济危机、保持粮食供应、稳定农业发展和农村秩序，日本议会制定专门的《农业保险法》，1939 年，该法正式实施；1946 年，日本政府颁布《土地改革法》，然后又颁布《农业合作法》，继续为农业保险的推行铺平道路；1947 年，日本陷入战后粮食危机，为缓解危机、鼓励农业生产，日本政府尝试从法律上为粮食生产提供激励和保障，开始着手对 1938 年《农业保险法》和 1929 年《牲畜保险法》进行修订、补充及完善，并在此基础上形成《农业灾害补偿法》，对农业保险的领导机构、承办组织、主体权责、险种范围、费率补贴、监管机制等基本问题作出明确具体规定，成为牲畜保险和农业保险的基本法（吴树波，2000）；1957~2003 年，日本对该法进行7 次调整、修订，逐步形成完善的农业保险法律制度体系，也为农业保险监管和高效执行提供法律依据。

**2. 科学的农业保险监管体系**

日本农业保险的监管体系颇具特色，它不仅和美国一样设立独立的农业保险监管机构，而且还形成从中央到地方的分层监管机构。

日本在中央设立农林水产省经营局，作为农业保险的中央政府监管机构，主要负责对全国农业共济联合会的监管。日本的农业保险选择民营保险相互会社模式，农业共济会是日本政府委托其进行农业保险的经营机构，这是其比较有特色的独创部分。农业共济会是一个具有互助性和民间色彩的社团法人组织，该组织通过自下而上、由内到外的方式，形成一个全国性农业保险立体网络体系。在这个网络体系中最基础的关系是农民与农业共济组合形成的共济关系，最核心的内容是共济组合与农业共济联合会形成的保险关系，最关键的部分是农业共济联合会与农林水产省形成的再保险关系。所以，日本农业保险的中央监管就只需要由农林水产省对全国农业共济联合会进行监管。其监管的范围就是以上三种关系，即共济关系、保险关系、再保险关系；监管方式是间接管理，即两年一次的例行监督检查和必要的抽查；其监管内容主要是农业保险政策，即法律的执行情况，包括费率、条款、财务、赔付等具体内容（Yamauchi Toyoji，1986）。

日本农业保险监管的地方机构是都（道府县），都（道府县）等地方政府主要基于农林水产省制定的农业保险政策，对基层农业共济组合和农业共济联合会实施必要和具体监管，如费率执行情况、财务状况、合同执行情况、补贴落实情况等。同时，日本农业保险的地方监管还包括对各农业共济组合和农业共济联合会内部治理结构的监管，如对内部理事会和监事会的设立、职权、构成等进行监管，还包括对农业共济组合和农业共济联合会的重大事项进行决策及其监管，如设立、变更、重组等（周建华，2005）。

## 7.1.3 西班牙

同样作为农业发达国家，西班牙也非常重视农业保险，它在农业保险模式选择方面与美国、日本都不相同。西班牙的农业保险发展采取的是政策优惠模式，这是由西班牙农业发展的特点和历史习惯决定的。西班牙政策优惠模式的核心是为鼓励农业保险的发展，国家给予农业保险政策优惠，包括保费补贴、税收优惠、扶持支持等。政策优惠模式下的西班牙农业保险从经营主体看，并非由政府直接经营，而是由私营保险公司、保险合作社以及部分保险相互会社等非政府机构承担经营，政府提供再保险；

从投保方式看，采取农民自愿投保，只要是参加了农业保险的农户或者农业生产组织，受灾后都可以得到保险公司的赔偿和国家援助，但是对于没有参保的农户或者农业生产组织，政府不给予政策支持和援助；在监管制度供给与执行上，国家并没有全国统一的农业保险监管制度，但是西班牙仍然颁布了一系列法律制度，同时，根据其法律规定，形成其独特的组合式监管体系。

### 1. 立体结构的农业保险监管法律制度

选择政策优惠模式发展农业保险的国家一般全国并无统一的农业保险制度和体系，但并不意味着没有农业保险法律制度的保障和支持。西班牙农业保险发展在法律法规体系方面仍然相当完备，形成由《农业保险法》《农业保险条例》及《农业保险发展规划》共同组成的立体制度结构。1978 年，西班牙颁布《农业保险法》，1979 年，又颁布《农业保险条例》，这两者是西班牙农业保险的核心制度，对西班牙农业保险制度框架的基本内容作出原则上的规定，同时也对西班牙农业保险的承包范围、经营主体、投保方式、主体权责、政府支持等内容，特别是政府与商业保险公司相互合作原则等，都作出明确规定，并且一直持续至今。为落实《农业保险法》和《农业保险条例》，西班牙政府还会在一定时期内颁布具有很强操作性的《农业保险发展规划》，对农业保险实施范围、险种设计、投保条件、保费补贴方案、管理费补贴标准、实施效果评估等进行详细规定，并通过一系列具体科学的程序，由政府各部门和保险公司按照规划的要求各司其职，共同推进农业保险发展。

### 2. 组合式农业保险监管体系

西班牙的农业保险监管体系是根据西班牙 1978 年《农业保险法》的规定设置的，并且一直延续至今，它与美国、西班牙等具有独立单一监管机构形成的统一监管体系有很大区别，西班牙对农业保险进行监督、管理的职权分布在经济与财政部保险司等四个分散部门，各部门具体地位、分工和职权不同，又互相协作与补充，从而形成组合式农业保险监管体系（丁学东，2005）。

在西班牙组合式农业保险监管体系中，经济与财政部是西班牙农业保险的监管机构，拥有监管权，为保障农业保险投保人权益，规范农业保险公司经营行为，实现农业保险市场健康持续发展，经济与财政部的职责主要包括财务监控、安排补贴、调节费率、审核和监督价格等。农业部农业保险局是西班牙农业保险的管理机构，拥有管理权，其职责主要包括制定农业保险条款、审核农业保险合同、研究险种可行性、宣传农业保险政策、提出年度新险种建议等。

农业再保险公司是隶属于经济与财政部的农业保险机构，其职能主要包括聘用与管理所有的损失评估技术人员、进行损失评估与支付保险金、受政府委托为私人保险公司提供再保险等。农业保险总公司是农业保险行业的监督机构，拥有行业监管权，承担农业保险行业监管任务，其职责主要包括草拟农业保险公司的设立条件、设计具体农业保险险种并报有关部门审核、制定农业保险合同内容等。

上述四个部门相互间的职责明确、各司其职、监管高效，尤其是西班牙经济与财政部对私人保险公司的风险预警监管，使直接承担经营农业保险业务的西班牙私人保险公司至今尚未出现因财务状况恶化而理赔困难的情况。同时，《农业保险法》通过对政府再保险及理赔超定额补偿的规定，提高西班牙农业保险的安全性和持续性（舒高勇，2006）。

# 7.2　发展中国家农业保险监管分析

受国家经济发展水平影响，发展中国家在农业保险发展模式方面主要采取的是国家重点选择性扶持，因为发展中国家没有雄厚的财力，不能够像发达国家那样全面给予农业保险以政策支持和财政补贴，而只能给予重点选择性支持。国家重点选择性扶持模式下的农业保险一般由政府成立的专门农业保险机构（或国家保险公司）提供，具有一定的强制性，承保范围以主要农作物为主，目的就是确保主要农作物生产稳定，政府对农业保险提供保费补贴、政策扶持、金融支持等。这种模式下的农业保险监管也颇具特色，对经济处于发展中的国家和地区农业保险的推进和发展起了重要的作用。本章选择其中典型的韩国和菲律宾，探讨发展中国家不同模式的农业保险监管体系。

## 7.2.1　韩国

韩国是亚洲农业比较发达的国家，也非常重视农业保险的发展，农业的发展推动了韩国农业保险的发展，农业保险的发展反过来又保护了韩国农业的发展。从世界农业保险发展的历史看，韩国农业保险虽然起步晚，是基于学习和引进国外农业保险实践经验的基础上发展起来的，其发展轨迹深深地打上了美国、日本的烙印，但又有自己的吸收、创新、完善与发展，并形成一套高效的农业保险监管体系，值得我国借鉴。

## 1. 注重农业保险监管的立法

立法在农业保险监管中向来是重要的，是农业保险监管制度供给的核心组成部分。韩国农业保险发展快速，立法是其成功的法宝，通过立法，韩国农业保险及其监管得到法律上的认可和制度上的保障。其实，韩国和我国一样，早期并无农业保险及其监管方面的专门立法，主要是通过《保险业法》规范农业保险的发展。《保险业法》是一部调整一般保险或者说是主要是规范商业保险的立法，并不完全适应农业保险，因此，1962年韩国政府颁布《水协法》，将渔船保险的适用权从《保险业法》中排除，纳入《水协法》适用范围，并实行政策支持，从而开始了在农业产业各系统开展政策性农业保险的探索，使农业保险从商业保险中逐步独立出来，并有了最初的法律支持。随着形势的发展，2001年，韩国政府又制定专门法——《农业灾害损失补偿法》作为农业保险的基本法，以后仍然根据实际不断进行修改和完善，为农业保险监管提供了法律依据，2003年3月，韩国颁布《渔船员和渔船灾害补偿保险法》。以上这些法律制度从广义上规范和促进着韩国农业保险的发展。

## 2. 垂直农业保险监管机制

韩国农业保险监管机制受日本农业保险监管模式影响深远，但又具有自己的特点。首先，在监管机构上，韩国农业保险有独立的监管机构，即农林部和金融监督院，其农业保险监管权由两者共同行使。其次，从监管对象上，韩国农业保险监管重点是承担农业保险业务的全国农业协同组合。再次，在监管模式上，韩国农业保险监管从监管机构、监管方式、监管内容等方面采取了不同于一般商业保险监管的模式，根据韩国垂直农业保险体系的不同层次，形成垂直农业保险监管机制，即农林部和金融监督院处于监管机制最顶端，负责监管中央农业协同组织的农业保险业务，中央农业协同组织处于监管机制的中部，负责监管区域农业协同组织的农业保险业务，而区域农业协同组织处于监管机制的最基层，负责监管基层农业协同组织的农业保险业务，这就形成一个严密的垂直农业保险监管机制，在这个垂直机制中，农林部和保险金融研究院监管处于最顶端，除了对中央农业协同组织的农业保险业务进行直接监管外，对其他层次的监管都是间接进行，确保了农业保险监管的有效性。最后，在监管方式方面，韩国农业保险监管机构一般采取定期和不定期检查监管农业保险经营机构的农业保险经营情况的方式（李向敏和龙文军，2007）。

### 7.2.2 菲律宾

菲律宾是一个群岛国家，农业是其主要经济部门，产值占国内生产总值的 22%，粮食作物占产品产值的 53%，主要是水稻和玉米。然而，菲律宾农业带有天然的弱势环境，自然灾害风险是其农业发展的主要风险，所以农业保险在菲律宾具有相当重要的意义，政府十分重视发挥农业保险在实施农业生产计划中的风险保障作用。

**1. 菲律宾农业保险监管的立法**

作为发展中国家和农业并不发达的国家，菲律宾的农业保险起步也相对较晚。农业保险立法起步于 1977 年菲律宾土地银行组织的一项关于农作物保险补偿制度的可行性研究，该研究报告提出建立政府全资公司开展菲律宾农业保险业务的建议。该建议得到菲律宾政府的支持，并于 1978 年由总统签发《关于成立菲律宾农作物保险公司的总统令》，亦即菲律宾《农作物保险法》。《农作物保险法》规定，菲律宾政府全资农作物保险公司于 1980 年正式成立，1981 年开始承办农作物保险。其后，该法又经历了多次修改和完善，成为菲律宾农业保险发展的纲领性文件和主要法律依据（度国柱等，2001）。

**2. 菲律宾农业保险监管的体系**

菲律宾农作物保险公司是由政府组建的国家独资公司，代表国家经营和管理全国农业保险，因此它既是农业保险业务的经营机构，也是全国农业保险的监管机构，但这并不意味着菲律宾农作物保险公司在农业保险经营中既是运动员，又是裁判员的双重矛盾角色。从监管机构的设置上看，菲律宾农业保险监管的特色体现在农作物保险公司管理机构的构成方面。为体现其监管机构的地位和职能，农作物保险公司董事会成员是由菲律宾政府农业部、劳动就业部、预算管理部、土地银行等各部部长及负责人组成的"豪华"团队，几乎举全部政府精英，包含与农业保险相关的所有菲律宾政府部门，这对于加强各部门之间的横向协调、提高农业保险监管效率、促进农业保险发展具有重要作用。尤其是菲律宾农作物保险公司董事会由主席、副主席组成，主席由总统亲自任命，副主席由公司总经理兼任，足以见其重视程度（罗帅民，1997）。从公司内部构成及职责上看，菲律宾农作物保险公司总公司内部包括险种评估及技术服务部、财务及审计部等八个部门，其职权不仅涉及农业保险业务的开展，也包括农业保险监管的各项具体内容，如提供法律建议、开展法律调查、制订计划及实施计划标准、向农作物保险公司各部门提供人事、管理及其他附属服务等。从以上构成及职责看，该机构不仅是菲律宾农业保险的经营机构，同时也兼为国家农业保险监管机构。

# 7.3 国外农业保险监管的比较与借鉴

以上几个国家，一定程度上代表了世界不同经济发展程度、不同经营模式、不同地区农业保险监管成功经验与成熟做法，有许多相通之处，尤其在监管理念、监管制度、监管执行、监管模式等方面，对我国农业保险监管具有重要的借鉴意义。

## 7.3.1 监管理念科学

凡是农业保险发达的国家，或者农业保险经营成功的地区，无论经济发达与否，无论选择哪种农业保险发展模式，都非常重视农业保险监管，把监管当成农业保险持续发展不可缺少的一部分。从理念上看，其重视主要体现在两个方面，其一是依法监管理念，其二是协同监管理念。

法律是农业保险监管制度供给的直接来源和核心内容。依法监管理念主要是指农业保险监管是建立在法治的基础之上，无论是监管机构的设立、监管范围的确定、监管内容的划分、监管职能的赋予、监管方式的选择、监管责任的承担等，都是通过法律制度的形式进行规范和固定，这既体现了农业保险监管的稳定性、权威性、透明性，又体现了农业保险监管的规范性、持续性、引导性。

农业保险是一个涉及多部门、多主体、多学科的综合性风险管理制度，农业保险监管也涉及多方面的问题。协同监管理念是指农业保险监管中，由于农业保险的政策性特点，会涉及许多政府相关部门，如农业保险直接监管部门、财政部门、税收部门、气象部门、农业部门等，必然需要各个部门的协同监管，才能发挥最大效率，如果没有协调监管理念，很容易出现有利益的部分互相争抢、重复监管、浪费资源，没有利益的部分互相推诿、监管缺位、供给不足现象，这些都不利于提高农业保险监管的效率，从而影响农业保险的可持续发展。

### 7.3.2　监管制度供给均衡

从以上国外借鉴分析不难发现，成功的农业保险监管总是有其系统的农业保险制度依据，农业保险监管制度设计与制度供给是提高农业保险监管有效性的基础和依据。法是制度供给的主要来源和核心内容，是制度中最权威、最规范、最稳定的组成部分。国外的农业保险监管大多有法可依，制定农业保险基本法，以法律的形式对农业保险及其监管予以承认和认可，除此之外，还出台了一系列相关法律、法规、规章、规划、规则等，组成完善的农业保险及监管制度体系。例如，美国是世界上农业保险最发达的国家之一，也拥有世界上最完善的农业保险及监管的法律制度体系，自 1938 年《美国联邦农作物保险法》出台以后，在农业保险发展的不同阶段，根据农业保险发展的不同需求，美国制定了一系列促进农业保险发展及提高农业保险监管效率的法律、法规和制度，并适时地对其进行修改、补充、完善，使美国农业保险监管的每一个环节、每一阶段都有详细系统的法律依据和制度保障。除美国之外，日本、菲律宾、西班牙等国也是如此。如日本的《牲畜保险法》（1929 年）、《农业保险法》（1939 年）、《土地改革法》（1946 年）、《农业合作法》（1946 年）、《农业灾害补偿法》（1947 年）等；西班牙的《农业保险法》（1978 年）、《农业保险条例》（1979 年）等；韩国的《保险业法》、《农业灾害损失补偿法》（2001 年）、《渔船员和渔船灾害补偿保险法》（2003 年）等；菲律宾《农作物保险法》（1978 年）等。这些系统的法律制度体系不仅是农业保险监管的依据和基础，也是农业保险监管的内容和方式，对农业保险监管效率的提高有着积极的作用。

### 7.3.3　监管制度执行高效

#### 1. 合适的监管模式

国外农业保险监管实践经验证明，农业保险监管模式的选择对该国农业保险的发展及其监管效率的提高具有重要意义。农业保险监管模式既无优劣之分，也无统一规定，往往由该国农业保险的性质地位、发展状况、历史经验、管理体制、推行方式、机构设置、文化传统、具体国情等因素决定，不能简单照搬其他国家，需要选择适合本国实际的监管模式。例如，美国政府主导下的农业保险选择的是农业风险管理局监管模式（Kramer，1983），这由美国三权分立的政治体制、文化传统以及农业保险的政策性决定；日本民营保险相互会社下的农业保险选择的是二级农业保险监管模式，这由日本君主立宪体制、文化传统及日本农业保险的性质决定；西班牙政策优惠下的农业保险选择的是四独立部门依法共同协调监管模式，这与西班牙欧洲资产阶级大革命的彻底性及西班牙农业保险发展的实际相关，等等。因此，一国农业保险监管模式的选择既没有统一规定也不是一成不变的，但有一定规律，由国家实际需求和农业保险本身及政策目标决定，并且随着农业保险状况的变化，监管目标、内容、方式、手段等也应随着农业保险的发展变化而发生相应的变动，是一个动态与静态相结合的过程。

### 2. 专门的监管机构

制度需要执行才能实现其功能与价值，执行是制度实现的关键。一般而言，制度执行的核心要素是执行机构，这是执行机制体系最重要的组成部分，并且往往同时通过制度化的行为予以固定和规范。美国是世界上农业保险最成功的国家之一，制度设计科学、制度执行的效率高，其最有特色和值得借鉴的就是农业风险管理局的设置。农业风险管理局是美国农业保险的监管机构，它属于美国农业部，目的是加强对国内农业的扶持和风险管理，并与立法机关建立协调机制和与农业生产者建立沟通渠道；日本农业保险也有强有力的监管机构，包括中央的农林水产省和地方的都（道府县），形成从中央到地方的分层监管执行机构；另外，西班牙、菲律宾、韩国等都是如此。这些独立监管机构的设置往往是通过制度形式予以明确规定，包括监管机构职能、人员配备、监管内容、监管方式、责任权限、协调机制等。从目前我国农业保险监管实际看，承担我国农业保险监管职能的是保监会，保监会不仅监管农业保险，也监管商业保险及其他保险，并没有农业保险的独立监管机构，这对我国农业保险监管效率的提高无疑是有很大的制约作用。

### 3. 科学的监管内容

农业保险监管内容是农业保险制度的核心，国外农业保险制度都明确规定了农业保险监管的对象和内容，其监管对象不仅包括保险公司、保险中介机构，还包括农业再保险机构、补贴机构，甚至投保农户等，其内容涉及投保、理赔、补贴、农业再保险、农业巨灾风险基金、农业险种条款和费率制定等。如美国对农业保险经营机构的审核就非常严格，实现严格的资格准入机制，以此加强对农业保险经营机构及中介机构的严格监管（Glauber and Collins, 2001）；西班牙经济与财政部对私人保险公司的风险预警监管，将农业保险经营的风险降到了最低。同时，美国、日本等国对农业保险补贴、费率、农业再保险、农业保险合同条款、农业巨灾风险基金管理方面也有着具体监管规定，尤其是政策性目标的实现任务方面，并且一般通过法律的形式予以固定；另外，国外农业保险监管还将险种种类、条款及费率的制定列入农业保险监管的范围，以防止出现农业保险市场失灵（贺姝劢，2007）。

# 第8章
# 我国农业保险监管体系的构建

农业保险监管体系是农业保险体系的重要内容，是农业保险目标实现的保障机制。科学构建农业保险监管体系，是提高农业保险监管有效性的根本途径。基于农业保险监管有效性衡量体系和我国农业保险监管有效性的现实考量，借鉴国外农业保险监管的成功经验，农业保险监管的有效性不仅有其对农业保险监管过程的效率需求，也有其对农业保险监管结果的效益需求，是监管过程与监管结果的统一、静态监管与动态监管的统一、加强监管与适度监管的统一、依法监管与动态监管的统一、制度供给与制度执行的统一、宏观监管与微观监管的统一。因此，我国农业保险监管体系框架是一个在监管目标、监管理念、监管原则指导下，包括宏观监管体系和微观监管体系在内的立体系统。本章拟从农业保险监管的目标理念原则、农业保险监管的宏观措施、农业保险监管的微观措施三个大的框架，探讨我国农业保险监管体系的基本构架。

## 8.1 农业保险监管的目标、理念、原则

农业保险监管的有效性首先取决于监管目标的确立、监管理念的形成、监管原则的选择，这是农业保险监管体系的指导思想。目标决定监管方向，理念引导监管过程，原则渗透于监管内容，最终实现效益与效率的统一。

### 8.1.1 监管目标

农业保险的性质特点决定其目标，农业保险的目标决定农业保险监管的目标。从风险管理与农业保险实践看，我国当前的农业保险属于有国家补贴的商业保险，兼具政策属性与商业属性双重属性，具有双重目标，即市场目标和政策目标，前者满足市场需求，分散农业生产风险；后者满足公众利益，实现国

家支农政策。因此，农业保险监管的目标除了维护农业保险市场实现其一般市场目标外，最根本的任务是促进农业保险作为政府的政策工具实现其政策目标（庹国柱和朱俊生），一般目标体现其对市场效率的追求，根本目标体现其对政策效益的追求。

**1. 一般目标：实现农业保险的市场目标，追求市场效率价值**

我国农业保险是有国家补贴的商业保险，具备一定商业保险的商业属性，具有一般商业保险的功能特点和商业保险所追求的一般目标——市场目标，所以农业保险监管具有保障农业保险市场目标实现的一般目标，即维护农业保险市场公平交易程序、保护投保农户合法权益、维护农业保险体系的安全稳定，以促进农业保险一般商业目标的实现。这一目标是农业保险与一般商业保险所共同具有的，该目标的实现要求农业保险监管部门要在农业保险公司追求利润（农业保险从本质上说应该不以营利为目的，但农业保险是商业保险公司承办的，所以农业保险公司同样有逐利性）和保障投保农户及被保险人利益之间实现动态平衡，力求兼顾两者的利益，实现其对市场效率的需求。这一目标始终贯穿于农业保险监管的过程之中、贯穿于农业保险监管的每一个环节，具体包括监督政府政策扶植行为效率、监督对投保农户合法权益保护的效率、促进保险机构规范发展、防范市场风险和系统风险、增进农业保险市场效率、维护公平竞争的市场秩序等方面。

**2. 根本目标：实现农业保险的政策目标，追求政策效益价值**

作为有国家补贴的商业保险，我国农业保险具有鲜明的政策属性，是政府政策支农的重要工具，政策性目标是我国农业保险的根本目标。农业保险监管目标与农业保险及农业保险监管制度目标是一致的，必须要体现出其政策属性，以保障国家惠农政策执行，提高市场资源配置效率，实现市场机制有效运转，促进整个社会经济发展，实现其对政策效益的需求。所以，农业保险监管的根本目标以效益需求为核心，具体包括促进农业保险政策顺利实现、推动农业保险市场稳定运行、促进整个社会经济发展等方面。

农业保险监管的双重目标是不可分割的，一般目标是实现根本目标的基础，根本目标是实现一般目标的深化；效益需求体现效率需求的价值方向，效率需求是效益需求的保证。因此，在农业保险监管中一般目标与根本目标是一个整体，不能决然分开，两者协调作用，互相促进，有机统一。

## 8.1.2 监管理念

监管理念贯穿于整个监管过程，正确引导监管任务实现。基于我国农业保险监管目标的特殊性，借鉴国外农业保险监管实践的成功经验，农业保险监管必须要树立依法监管理念、适度监管理念和动态监管理念。

### 1. 依法监管理念

农业保险监管是国家农业保险监管机构依据相关法律制度对农业保险主体及其行为进行的监督与管理活动，属于政府管理职能的一部分，具有制度性、强制性、程序性、稳定性、持续性、一贯性和最高的权威性。市场经济是法治经济，法律作为农业保险监管制度的核心内容，不仅是农业保险监管的依据，也是农业保险监管必须坚持的基本准则，农业保险监管必须坚持以事实为依据、以法律为准绳，树立法律的权威性、公平性、公正性，保证农业保险市场主体的合法权益不受侵犯。解决目前我国农业保险监管中的不规范问题，首先要求农业保险的监管模式、监管机构、监管内容、监管方式等由法律作出明确的规定，这是依法监管的前提和基础；其次要求监管者严格依法行使监管权，同时监管者的监管活动必须按照法律规定的程序进行，做到内容合法、行为合法、程序合法，以提高农业保险监管的有效性和权威性，实现农业保险监管的目标，促进农业保险的可持续发展。

### 2. 适度监管理念

我国农业保险监管的有效性不仅体现在效率价值方面，也体现在效益价值方面，两者的实现都需要考虑成本与收益分析，与监管的技术水平、现实的国情国力、监管的目标任务等密切相关，还要涉及多方利益博弈，需要把握好监管的度。我国农业保险起步晚、经历时间短、经验不足，基于目前我国的现实分析，如果监管过度，不仅监管成本投入巨大，而且会直接影响农业保险经营主体及参与主体的积极性、主动性和创新性，从而束缚我国刚刚复苏的农业保险，影响农业保险市场发展效率；反之，如果监管不到位，则会导致本来发展不规范的农业保险市场更加混乱和无序，增加农业保险市场系统风险，也将影响农业保险市场发展效率，最终效益价值也不能实现。因此，提高我国农业保险监管有效性必须引入适度监管理念，根据成本收益分析，以实现农业保险监管目标方向，基于实际情况在严格监管、放松监管之间权衡，以选择最优监管战略。

### 3. 动态监管理念

保险监管一般包括静态监管和动态监管，静态监管主要是对保险关系本身及结果的监管，动态监管则强调对风险评估和风险管理等过程的监管，静态监管强调结果与救济，动态监管注重过程与预警。目前，保险市场面临越来越复杂的环境，从保险机构内部而言，其经营技术、管理水平、创新能力、资产负债等存在区别，就保险机构外部而言，其经营环境、竞争机制、制度供给等多变，保险市场面临多种风险。为提高保险监管的有效性，世界上农业保险市场发达国家的保险监管多趋向于动态监管，更加注重对风险评估和风险管理等过程监管，以实现效益和效率双重价值需求。我国农业保险具有综合性、复杂性、特殊性，农业保险监管如果按照传统理念，更注重静态监管，以结果为重，必将舍本逐末、治标不治本。因此，我国农业保险监管需要引入动态监管理念，并实现动态监管与静态监管的统一，以科学的监管手段、创新的监管方法、完善的监管体系，有效防范、化解农业保险市场出现的风险，维护农业保险市场的公平、竞争、稳定和高效（赵国新，2008）。

## 8.1.3 监管原则

农业保险监管具有很强的综合性，在其监管执行中会涉及众多主体、不同部门的协调，还面临着其他许多复杂性的问题。基于我国农业保险监管目标的确立与理念的形成，为提高我国农业保险监管有效性，必须坚持以下基本原则。

### 1. 依法监管与灵活监管相结合原则

依法监管不仅是我国农业保险监管必须树立的基本理念，也是我国农业保险监管必须选择的基本原则。在市场经济及法治社会下，依法监管对于提高我国农业保险监管有效性具有重要的现实意义。农业保险监管的前提与基础是健全的法律与制度，这也是农业保险监管有效性的前提与基础。但我国目前农业保险法律及制度仍然很不健全，尤其还没有形成以《农业保险法》为核心的农业保险法律制度体系，《农业保险条例》已经出台，针对农业保险及其监管的法律制度分散于一般保险和商业保险法律制度之中，尚无针对性的法律制度，具有不同监管权的机构对农业保险监管的法律依据也不相同。因此，在依法监管前提下，针对农业保险监管的实际，还必须坚持灵活监管原则，以弥补法律制度尚不健全情况下的效率损失，提高我国农业保险监管的有效性。在已有相关法律制度的情况下，严格坚持依法监管原则，在尚无相关法律制度的情况下，坚持具体问题具体分析，灵活监管，或依据相关法规、行政规章、地方性法规、地方性规制，甚至是行业规定等，但总体不违背法律法规。

**2. 放松监管与加强监管相结合原则**

适度监管理念下，关键是把握农业保险监管的度，或放松监管或加强监管或正常监管，关键是看农业保险发展实际，包括不同时期、不同阶段、不同地区、不同险种、不同模式等，农业保险发展目标不同，农业保险监管目标也不同，农业保险监管的度的把握不同。所以，为提高我国农业保险监管有效性，必须选择放松监管与加强监管相结合原则。在农业保险市场环境复杂、系统风险加大、市场不规范行为增多等情况下，必须加强监管；在农业保险市场低迷、市场内生动力不足、农业保险发展趋缓等情况下，可以放松监管。放松监管与加强监管并没有必然的边界，两者相互渗透、相互作用，共同提高我国农业保险监管的有效性（董辉，2010）。

**3. 动态监管与静态监管相结合原则**

动态监管是农业保险监管的基本理念，但这并不排斥静态监管。保险业是经营风险的特殊行业，农业保险监管的有效性首先体现在风险救济方面，能够尽量减少风险发生的损失，更体现在对风险防范的追求方面。只有做好足够的风险防范措施，才能降低监管成本，更好地管理农业风险。在目前我国农业保险运行的过程中，对农业保险关系本身及结果的监管，仍然是农业保险监管的重要组成部分，而且具有很高的效率和很直接的效益。从长远趋势看，以风险评估和风险管理等过程为核心的动态监管必然成为农业保险监管的主要方式，市场行为监管、偿付能力监管和保险公司治理结构监管的"三支柱"框架将更加完善。因此，在目前的情况下，我国农业保险监管必须坚持动态监管与静态监管相结合原则，既强调过程，也重视结果，是过程与结果的统一。

## 8.2 农业保险监管的宏观体系

从宏观上看，提高我国农业保险监管有效性，应该是在提高监管意识的基础上，以农业保险监管制度供给为重点、以农业保险监管制度执行为核心、建立系统完整的农业保险监管体系。

### 8.2.1 监管意识的提高

农业保险监管意识既是提高农业保险监管有效性的基础性问题，也是一个核心问题。农业保险监管有效性需要通过制度固化，并且通过监管主体得以实现，这对监管主体的监管意识就非常重要，它直接决定农业保险监管的有效性。我国农业保险监管中，监管主体在监管意识上还处于传统管理模式和行政干预模式阶段，法治意识、市场意识、服务意识和主动意识不足，必须提高思想素质，树立市场服务意识、转变政府职能，把依法监管、适度监管和动态监管融入监管文化，形成科学监管意识，提高农业保险监管有效性。

### 8.2.2 监管制度的供给

布坎南认为，没有合适的法律和制度，市场就不会产生任何体现价值最大化意义的效率。农业保险监管如果缺乏必要的和合适的监管法律制度供给，农业保险监管的宏观效益就无法实现、微观效率也无从谈起，农业保险市场不会取得良性发展效果。可见，农业保险监管制度供给既是我国农业保险深入发展、持续发展的当务之急，也是我国农业保险可持续发展的长远之策。基于现阶段农业保险监管制度供需与均衡分析，结合农业保险监管实际，我国农业保险监管制度供给体系主要包括以下几点。

**1. 以立法为核心途径的农业保险监管制度生产体系**

制度变迁是在制度需求与制度供给的交互作用下实现的，制度需求诱致制度供给，制度供给回应制度需求。制度供给即为规范人们行为而提供的正式制度与非正式制度，通常有两种供给途径，正式制度是由制度供给主体设计创造主动产生的，非正式制度是由社会逐步演化自发形成的。正式制度是制度供给的主要来源，法律是制度供给的主要内容，立法是制度供给的核心途径。目前农业保险及其运行监管存在的诸多问题，都源于农业保险制度供给不足、立法滞后，因此我国农业保险监管制度供给是以立法为核心途径的农业保险监管制度生产体系。

（1）农业保险监管的全国性制度供给。农业保险监管的全国性制度供给是农业保险监管制度体系的主要组成部分和监管执行的最权威依据。国务院已于 2012 年 10 月 24 日出台《农业保险条例（草案）》，从 1982 年农业保险恢复至今已有30余年的历史，从2004年农业保险试点破题至今也有10余年的时间，我国农业保险及其监管终于得到法律上的认可。我国农业保险监管制度供给从长远政策看，在全国性立法方面，首先是要在《农业保险条例（草案）》基础上制定《农业保险法》，把行政法规的效力上升为法律，使农业保险及其监管有自己的部门法，这是农业保险监管制度的重点；要及时出台全国性农业保险及其监管的实施细则及相关法律制度，如农业保险补贴制度、农业保险税收优惠制度等。通过这些制度，初步确立农业保险及其监管的独立法律地位，对农业保险的实质问题、关键问题、核心问题等以法律形式固定。

（2）农业保险监管的地方性制度供给。农业保险监管的地方性制度供给是指由地方立法机构、行政机构、司法机构等出台的相关制度，主要地方性法规和地方性政策供给，也是我国农业保险监管制度供给的重要组成部分。我国幅员辽阔，农业生产的自然环境复杂，生产基础等千差万别，按照农业保险区划理论，各地在遵循农业保险基本法律制度的前提下，应该根据本地实际有自己的地方性制度供给。这些地方性制度主要包括农业保险及其监管基本法律制度在地方实施细则、农业保险的地方补贴优惠办法等，这些地方性制度供给形成对全国性制度供给的补充和完善，也是全国性农业保险监管制度供给的重要来源。

### 2. 以基本法为核心内容的农业保险监管制度构架体系

在农业保险监管制度供给体系中，处于核心地位的是农业保险及其监管基本法，农业保险监管制度体系就是以基本法为核心内容的各种调整和规范农业保险监管行为的法律、制度、政策、伦理、习惯、道德、规则等的总和，具体而言，至少应该包括以下内容构架体系。

（1）农业保险监管主体体系。农业保险监管制度内容体系中首先要明确监管主体，通过法律的形式确定其监管地位，以及其监管职权与职能、权利与义务。我国农业保险监管制度关于监管主体的规定，从当前来看，保监会为主、多部门参与的主体构成具有一定的专业优势，从长远政策看，明确独立的监管主体具有更为重要的意义。

（2）农业保险监管对象体系。保险监管对象一般是保险行为参与者，主要包括保险人和被保险人。农业保险具有政策性，由于其准公共产品属性和高风险性决定其参与主体不仅包括保险机构和投保农户，也包括参与补贴和扶持的各级政府。因此，与商业保险监管相比，农业保险监管对象具有特殊性和复杂性，那就是农业保险监管对象不仅包括保险机构（包括参与农业保险的保险公司、再保险公司、中介机构等），也包括投保农户，还包括参与政府。

（3）农业保险监管内容体系。农业保险具有鲜明的政策性，它以实现农业保险政策性工具作用为核心目标，以保险机构、投保农户和参与政府为监管对象，因此其监管内容范围也必然与一般商业保险大相径庭。基于农业保险监管目标的政策性、监管机构的专门性、监管对象的特殊性，农业保险监管内容范围要远远超出一般商业保险监管的内容范围，具体包括：宏观上对全国农业保险政策、农业保险契约、农业保险机构、农业保险险种、农业保险费率、农业保险保费补贴比率等监管；微观上包括对各农业保险机构（包括其分支机构）及其行为规范运行的监管、对参与政府及其农业保险扶持行为落实效率的监管以及对投保农户道德风险和逆选择问题的监管等。

### 8.2.3 监管制度的执行

农业保险监管体系中，农业保险监管制度供给是重点，而农业保险监管制度的高效执行则是其核心，科学的制度体系必须要有与之相适应的实现机制。农业保险监管的制度执行体系是由监管机构、监管人员、监管方式、监管标准、监管机制等要素组成的一个科学体系。

**1. 设立监管机构**

成功的农业保险监管关键在于监管机构有相对独立的地位、相应配套的职权、相当充分的资源、比较专业的行业优势。农业保险发达的国家一般都设立独立的监管机构，如美国设立的农业风险管理局、日本设立农林水产省经营局等。鉴于农业保险的政策性与特殊性，2011 年，以徐向勇为代表的专家提出，保监会作为农业保险监管机构具有更强的专业性优势，而在既有行政框架下新建一个农业保险专门监管机构成本偏高、难度颇大，应建立由保监会牵头的多部门分工合作的监管格局（徐向勇，2011），已经出台的《农业保险条例（草案）》几乎沿用此说。从目前来看，此建议能够考虑现有体系，节约监管成本，提高监管效率，但从长远来看，此为权宜之计。新设独立、专业的农业保险监管机构更能高效行使农业保险监管权，提高农业保险监管效率，是未来发展的必然。其名称可为农业风险管理局，职能上把原来分散在保监会、财政部等各机构的相关工作纳入新设机构之下进行重新整合，并通过立法确定其地位、职能、职权、方式、程序等。

### 2. 改进监管方式

结合农业保险技术操作特点，农业保险监管应创新监管方式，引入与现场监管和非现场监管相配套的科学方法。为提高非现场监管效率，首先，要监管农业保险契约的形成机制，从源头上抑制不公平契约的出现，明确各主体权责，形成最优农业保险契约，增加操作性，减少逆向选择和道德风险出现的几率；其次，健全农业保险监管信息系统，加强计算机网络及信息化建设，提高监管人员计算机水平，规范保险机构信息系统，完善投保农户和投保标的的信息数据、个人信用记录等；最后，完善农业保险理赔及支付系统，推行财政"一卡通"方式。要加强对农业保险理赔、定损方面的监管，逐步完善理赔条款，建立理赔档案，规范农业保险补贴和理赔资金的支付与发放，减少资金流转中间环节与现金发放规模，实现对农业保险赔款资金全程跟踪监管，等等。为提高现场监管效率，督促保险机构为农户投保提供直接参与机会，规范投保信息，在勘验定损方面大量引进先进技术，如 GPS 定位、无人机勘察等，减少信息不对称、逆选择、骗补贴等现象。

### 3. 培养监管人员综合素质能力

保险监管人员的综合素质是农业保险监管有效的关键。农业保险监管需要有针对性地培养以下素质能力：一是提高思想素质，树立市场服务意识、把依法监管、适度监管和动态监管融入监管文化，形成科学监管理念；二是培养宏观分析能力，熟悉国家政策、法律，能防范化解宏观经济政策变动所产生的系统性风险；三是提高微观操作能力，熟悉农业技术、保险精算、保险业务和计算机及信息化等知识，增强分析判断、调查研究、组织协调等能力，以提高监管的实效性。

### 4. 加强保险监管标准化建设

建立健全保险机构经营评价体系和服务评价体系，完善行政处罚和行政许可的统一标准，规范自由裁量权的行使，减少监管随意性。

### 5. 建立协调机制与实现机制

在没有新设独立的农业保险监管机构以前，当务之急是要构建一个由保监会牵头，联合财政部、农业部等相关部门相互协调的外部合作监管机制，这在《农业保险条例（草案）》中有所体现；从长远看，积极筹备设立独立的农业保险监管机构，由该机构与农业保险相关的各部门协调，形成公正高效的协调机制；最后，充分发挥自我执行机制和纵向一体化执行机制的内部监管优势，为其内部监督提供制度保障和硬件基础，形成高效的内外协调机制（邓义和陶建平，2013）。

## 8.3　农业保险监管的微观体系

提高我国农业保险监管有效性，不仅需要从国家层面在宏观上构建一个完整、独立、科学的监管体系，而且还要从保险公司、政府机构、独立主体、监管人员等市场主体层面建立一个具体的微观监管体系，最终实现制度目标，提高我国农业保险监管的有效性。

### 8.3.1　保险公司：内部治理和信息披露监管

我国保险监管已经初步形成市场行为监管、偿付能力监管和保险公司治理结构监管的"三支柱"监管框架。我国农业保险监管对象主要是保险公司，农业保险监管制度内容针对保险公司而言，主要就是通过外部监管力量，促进农业保险公司内部治理更加科学、信息披露更加公开，以增加农业保险公司的自律能力和市场竞争力，提高其市场行为的规范性、偿付能力，最终提高我国农业保险监管的有效性，实现农业保险的可持续发展。

**1. 保险公司内部治理监管**

农业保险监管依照一般商业保险监管进行，虽然有农业保险监管的特点，但仍遵循"三支柱"监管框架，其中保险公司内部治理结构监管是我国农业保险监管的核心。

农业保险监管有效性的宏观体系最终需要通过微观措施具体实现，即农业保险监管有效性的宏观体系依赖于微观体系的实现，主要取决于微观层面各保险公司对农业保险经营行为的规范与对经营绩效的改进，其中，良好的公司治理和内部控制是保险公司经营农业保险有效性的根本保障。公司治理结构和内部控制是现代企业制度两个最为重要的组成要素，公司治理是前提、基础与核心，内部控制服务于公司治理，是其保障、重点，两者统一于农业保险机构利益最大化。公司治理结构和内部控制是保险机构的内部自律，其力量来自内部，而农业保险监管则是一种外部力量，是外部强制行为，这种外部强制行为要实现监管目标，提高监管有效性，最终需要通过保险机构的内部自律得以实现。

我国保险业发展时间短，农业保险业更是处于发展初级阶段，刚刚开始建立现代企业制度，其公司治理及内控制度尚处于起步阶段，仅仅依靠其内部动力和自律机制，很难提高其内部治理水平及运行效率，因此迫切需要通过外部监管的方式，对农业保险机构进行制约、规范与引导，通过外部力量，促进其内部治理的完善，从而提高农业保险机构的运行效率，提高其农业保险经营的有效性。就我国现阶段看，通过农业保险监管，促进农业保险公司强化效益观念、加强对控股股东的监管、提高保险公司内部治理结构完善、建立高效的内部管理机制，以及制定相关利益保护规定，切实维护其他利益相关者的利益等，这些都应该是对保险公司内部治理监管的主要任务（董辉，2010）。

### 2. 保险公司的信息披露监管

现代企业制度的另外一个重点就是企业信息披露制度。信息披露制度，也称公示制度、公开披露制度，本是上市公司为保障投资者利益、接受社会公众监督而依照法律规定必须将其相关信息通过报告、公开或者公告等形式进行披露，以便监管者、投资者充分了解的制度，披露内容主要是其财务变化、经营状况等信息和资料。在保险业，为避免信息不对称造成的效益损失，信息披露制度成为法律与政策规定的必需行为。

自2004年我国农业保险试点以来，无论在规模、深度还是广度方面，农业保险都得到了空前的快速发展，农业保险经营主体逐步增加，投保面积稳步扩大，保费收入不断增加，市场机制正在形成。随着我国保险业的开放，国外保险机构和国外资金将逐步参与国内农业保险，规范化、制度化的信息披露机制对于我国农业保险健康发展及其与国际接轨意义重大。参与农业保险经营的保险公司在信息披露方面的行为对监管主体、投保主体、补贴主体起着越来越重要的作用，传统的保险信息传播机制已经不能适应当前农业保险发展的需要，随着信息化发展和信息化监管的逐步建立，新的市场化信息披露机制应运而生。这种新的信息披露机制从主体上讲应该包括国家、保险人、被保险人、保险中介机构等，但是核心是保险公司和保险中介机构。对保险经营机构信息披露的监管是当前国际保险监管的新发展。在农业保险监管方面，通过新的信息披露机制，要求保险市场透明化、保险信息公开化、信息披露制度化，监管机构对披露的信息严密控制、经常监测、审慎评估，适时掌握市场风险，面对风险及时提出防范和化解方案，这不仅可以加强对农业保险经营主体的监管，提高其内控能力，减少农业保险市场系统性风险，还可以保护投保农户安全，促进农业保险的可持续发展，乃至于对于整个农业保险市场和国民经济发展都具有重要意义。

保险业的信息披露是通过法律手段保证保险市场交易的公开、公平与公正，信息披露应当遵循及时、有效、充分和公开的原则（裴光，2007）。我国农业保险监管对信息披露应该以法律的形式确定，在保险法及农业保险法中都应该予以明示，至少应该包括以下核心内容。其一，农业保险信息披露的主体。农业保险信息披露的主体主要包括国家、保险机构主体、投保农户主体、监管机构主体，但对于农业保险监管而言的信息披露主体是指农业保险机构，主要是参与农业保险经营的保险公司。其二，农业保险信息披露的对象。保险公司信息披露主要针对保险监管机构、保险消费者（投保人与被保险人等）、投资者等对象。其三，农业保险信息披露的内容。农业保险信息披露的内容主要是保险公司的相关财务状况和经营业绩的定性和定量信息、公司产权结构、公司内部治理结构、风险敞口、风险管理策略等方面的内幕信息、优先披露信息和完全公开信息。其四，农业保险信息披露程序。依据保险法、农业保险法和农业保险信息披露的具体法律规定，建立强制性的信息披露制度，农业保险信息披露程序应与保险公司业务流程、监管机构监管体系保持同步和统一，确保保险公司披露信息的及时、准确、全面，避免信息失真（董辉，2010）。

### 8.3.2　参与政府：政策落实与规范操作监管

农业保险与一般商业保险的最大区别就在于其政策性，即农业保险是通过政策补贴来促进供需均衡实现其保险功能的，带有政策工具特点，所以农业保险监管最根本的任务就是政策目标实现的外部保障，农业保险的微观监管体系中比较重要的组成部分就是对参与补贴的各级政府的监管。

农业保险的政策性决定各级政府在农业保险运行过程中必然发挥关键作用。在农业保险运行中，政府主要承担财政补贴、税收优惠、费用减免等政策支持，尤其是财政对农业保险保费的补贴，是农业保险达到有效均衡、实现持续发展的重要措施。但在执行和落实国家农业保险政策过程中，部分地方政府存在一定的错位、越位、缺位、无位现象。这些现象是农业保险发展的主要障碍，是农业保险监管的重要内容，要提高我国农业保险监管的有效性，就必须监管政府对国家政策落实的效率、纠正政府的不规范操作行为。农业保险监管对于政府而言，实际上是对其政策性农业保险政策扶持行为的监督，即在其基本职权范围内推动农业保险的规范发展，不能错位、越位、缺位、无位。国家需要通过立法的形式，规定监管机构对政府政策扶持行为的监督管理权，提高农业保险监管的有效性（徐向勇，2011）。

### 8.3.3 相关机构：信用评级监管与行业自律监管

在农业保险监管中，除对保险公司主体与参与政府主体的监管外，还包括一些相关机构，主要是保险信息评级机构与保险行业自律组织，两者对提高农业保险监管的有效性虽然处于辅助地位，但是其作用不可忽视。

**1. 对信用评级机构的监管**

我国保险监管已经初步形成以偿付能力为核心的"三支柱"监管框架，偿付能力监管的关键和前提是要获取足够的、可靠的信息，其中包括保险评级。保险评级是具有独立地位的第三方评级机构，按照信息管理学与风险管理理论，通过收集、分析和处理保险机构的公开信息及部分内部信息，对保险公司财务能力及风险管理能力作出客观、独立、公正判断与评价的行为。保险信息评级制度就是规范、引导保险信息评级行为的制度体系，它不仅是目前保险信息系统的重要组成部分，也是提高我国农业保险监管有效性的重要辅助信息系统，是降低保险人和投保人信息不对称、提高保险市场透明度、规避保险市场系统风险的制度保障。评级机构正是借助其独立合法地位、较强的市场专业化信息获取、整理、分析、处理能力，为我国保险监管机构提供辅助性的风险信息服务，在农业保险监管中的作用巨大。

随着农业保险的发展，信息评级机构的作用越来越重要，提高我国农业保险监管有效性，需要借助信息评级机构的专业优势，同时为确保信息评级的权威性、科学性、公正性，必须加强对其监管。信息评级机构监管的内容体系主要包括：其一，合法性监管。合法性监管主要是对信息评级机构资质合法性、信息来源合法性、评价模式合法性等方面的监管。信息评级机构必须具备对农业保险机构进行评级的合法资质，包括必须符合资质准入制度、必须具备一定数量的专业评价专家等。同时，信息评价机构获取信息的方法和途径、信息评级机构的评价模式必须符合相关法律法规。其二，权威性监管。权威性监管是对信息评级机构对农业保险监管风险评价结果的监管。评级机构对农业保险监管的辅助性作用表现在其独立地位与权威性结果，如果不加强对其结果客观性、公正性、科学性的监管，其权威性就无法保障，其结论对我国农业保险监管有效性的提高就没有任何积极意义，甚至会增加农业保险监管的成本，干扰农业保险监管的效率（董辉，2010）。

## 2. 对行业自律组织的监管

中国保险行业协会是我国保险行业的自律组织①。保险行业协会在保险业及农业保险监管中的地位和作用是非常重要的，充分发挥保险行业协会的行业内部监管作用，对于提高我国农业保险监管有效性具有重要意义。作为经保监会审查同意的保险行业自律组织，必须要接受其监管，才能有效发挥其作用。目前保险监管机构对中国保险行业协会的监管主要包括：其一，保险行业协会组织机构及人员构成；其二，保险行业协会服务内容的合法性；其三，保险行业协会执行法律法规的效率；其四，保险行业协会对农业保险自律及内部监管的贡献。

## 8.3.4　监管人员：约束机制与激励机制

从农业保险监管有效性的微观体系上看，无论是对保险公司的内部治理和信息披露监管，还是参与政府的政策落实与规范操作监管，以及对其他相关机构的信用评级监管与行业自律监管，最终都离不开保险监管人员的工作能力与工作效率。约束机制与激励机制作为现代管理机制的核心，是提高农业保险监管人工作能力与工作效率的重要机制。

### 1. 约束机制

一般而言，对农业保险监管人员的约束机制主要包括事先约束、事中控制和事后救济。其中事先约束是预先制定相关标准，这些标准必须准确、系统、全面、科学，并且符合标准化要求，是农业保险监管人员履行监管职责的宏观依据，带有预防性特点；事中控制是预先制定行为规则，这些规则是对农业保险监管人员具体监管行为的详细操作规定，是农业保险监管人员履行监管职责的具体依据，具有现实性特点；事后救济是通过对农业保险监管人员监管行为的考核来实现的，是对其违规操作所造成的损失的一种救济，带有救济性特点。

在我国农业保险监管中，首先需要针对当前农业保险监管实际，设计出能够提高农业保险监管有效性的、具有可操作性的监管评价体系，并且应用该体系加强对农业保险监管人员的考核、问责，以督促监管人员依法合规地行使权力、及时高效地进行监管，严肃处理各种监管失责和监管腐败行为，提高农业

---

① http://www.iachina.cn/01/01/，2012-10-15.

保险监管有效性。

### 2. 激励机制

在加强对农业保险监管人员进行约束追责的同时，也需要通过激励机制提高农业保险监管人员履行监管职责的积极性。表现在具体操作中，一是要坚持以正面激励为主，尽量发挥激励的正能量，提高监管人员监管工作的积极性；二是在对农业保险监管人员的评价中，也以激励评价为主，在坚持原则性和灵活性原则基础上，注意适度问题，应该建立对农业保险监管人员监管质量控制的指标体系，从监管职业道德、监管专业技能、监管操作业绩等方面全面系统考评，客观公正地落实责任、提高效率。

总之，保险监管人员的综合素质是农业保险监管有效的关键。应有针对性地提高以下素质能力：一是提高思想素质，树立市场服务意识、转变政府职能，把依法监管、适度监管和动态监管融入监管文化，形成科学监管理念；二是提高宏观分析能力，熟悉国家政策、法律，能防范化解宏观经济政策变动所产生的系统性风险；三是提高微观操作能力，熟悉农业技术、保险精算、保险业务和计算机及信息化等知识，增强分析判断、调查研究、组织协调等能力，以提高监管的实效性。

# 第 9 章
# 我国农业保险监管的运行保障

农业保险监管是国家农业保险监管机构依据相关法律制度对农业保险主体及其行为的监督与管理，具有明显的外部性、最大的强制性。本书基于应用农业保险监管有效性衡量指标对我国农业保险监管有效性进行全面评价和对国外农业保险发达国家的经验借鉴，尝试构建一套相对系统的农业保险监管体系，这是提高我国农业保险监管有效性的重要内容。不仅如此，制度运行和法与经济学理论认为，制度体系能否真正实现其效率最大化，运行保障是关键，即农业保险监管有效性不仅来自科学的体系构建，而且来自与科学体系不可分割的实现机制。因此，农业保险监管体系的运行保障就是一个涵盖制度供给、制度执行和执行监督三个要素及其对应的立法保证、执法保证和司法保证三个层面在内相互补充、相互制约的立体系统，其中制度完备是立法保障，执行高效是行政保障，监督有力是司法保障（邓义和陶建平，2012）。本部分以法与经济学理论为视角，拟从农业保险监管的制度供给、制度执行、运行监督三个核心方面，探讨我国农业保险监管的运行保障。

## 9.1 农业保险监管的制度供给保障

### 9.1.1 制度供给保障的条件——制度完备

制度体系是我国农业保险监管体系的核心内容，提高我国农业保险监管有效性的前提和基础是有相对完备的制度供给，制度是农业保险监管的执行依据。从目前世界通行做法和我国农业保险实践看，制度完备是农业保险监管有效性的制度供给保障，只有不断完善立法，才能确保农业保险及其监管的持续性和稳定性。当然，这里说的法与纯法学意义上的法有一定区别，是一个更广义的概念，泛指一切规则，包括制度、政策、法律、法规、规章等，其核心是法律。

### 9.1.2 制度供给保障的实现——立法供给

制度完备是农业保险监管制度供给保障的条件，目前农业保险及其运行监管存在的诸多问题，都源于农业保险制度供给不足，制度供给就是实现制度完备的途径。制度需求诱致制度供给，制度供给回应制度需求。制度供给即为规范人们行为而提供的正式制度与非正式制度，通常有两种供给途径，正式制度是由制度供给主体设计创造主动产生的，非正式制度是由社会逐步演化自发形成的。正式制度是制度供给的主要来源，法律是制度供给的主要内容，立法是制度供给的核心途径。因此，我国农业保险监管制度供给保障的实现最核心的途径就是立法。与法的概念相对应，立法也是一个更广义的概念，泛指一切正式规则的制定产生过程，包括制度、政策、法律、法规、规章等，其中核心是国家立法机关制度和认可的法律法规。根据立法主体的层次和权限分工，我国农业保险监管的立法主要包括中央立法机关和地方立法机关制定和认可的法律和法规，同时也包括中央和地方具有行政立法权的政府及其部门制定和认可的行政法规和地方性规章，这两类主体的立法构成我国农业保险监管制度供给的主要来源和核心内容。

就目前而言，立法当务之急的是要解决我国农业保险及其监管的基本法问题，即在《农业保险条例（草案）》基础上制定《农业保险法》，把行政法规的效力上升为法律，使农业保险及其监管有自己的部门法，这是农业保险监管制度的重点；同时，要及时出台全国性农业保险及其监管的实施细则及相关法律制度，如农业保险补贴制度、农业保险税收优惠制度等；还要根据风险区划及不同省份制定地方性规则。通过这些以立法为主形成的制度，为我国农业保险监管体系的实现提供保障。

## 9.2 农业保险监管的制度执行保障

### 9.2.1 制度执行保障的条件——执行高效

制度供给是制度执行的前提，制度执行是制度供给的实现途径，科学的制度供给体系是我国农业保险监管有效性的前提和依据，而制度高效执行则是我国农业保险监管有效性的重点。我国农业保险监管执行属于国家行政行为，是国家公共管理职能的主要组成部分，执行高效是农业保险监管有效性的制度执行保障，没有高效的执行机制和执行能力，农业保险监管制度就是一纸空文，农业保险监管体系就是一座空中楼阁。

## 9.2.2　制度执行保障的实现——行政执行

当制度供给是充分的情况下，高效执行就成为我国农业保险监管体系实现的必备条件和核心因素，而行政手段就是确保高效执行实现的现实途径。按照制度运行理论，决定制度运行效率的行政因素主要包括执行机构、执行方式、执行人员素质和执行协调机制等。为确保我国农业保险监管制度高效执行，专业的监管机构、配套的监管方式、高素质的监管人员、统一的裁量标准和科学的协调机制都是必不可少的，这是农业保险监管高效的重点。在行政机构方面，农业保险监管权属于行政权，应该由行政机构负责行使，是国家行政职能的重要内容，将这一监管权准确无误地赋予一定的行政机关是农业保险监管有效性的前提，为此，设立专门执行监管权的独立行政部门就是当务之急。国务院出台的《农业保险条例（草案）》已经作出规定，虽然带有过渡性，但是相当于过去，已经有了很大的进步；另外，行政机关及行政机关工作人员的素质与能力也是行政执行效率的重要影响因素，必须转变政府职能、提高工作人员的综合素质，以提高行政办事效率；另外，在执行方式方面，结合农业保险技术操作特点，农业保险监管应创新监管方式，引入与现场监管和非现场监管相配套的科学方法；在执行机制方面，不仅要形成由国务院牵头联合多部门参加的协调机制，更重要的是要建立一个确保部门协调顺利的实现机制。

# 9.3　农业保险监管的运行监督保障

## 9.3.1　运行监督保障的条件——监督有力

制度的执行效率需要监督，包括司法监督、媒体监督、行业监督、群众监督等，但主要是司法监督。司法公正是契约良好执行的关键，是农业保险监管高效的司法保障。我国农业保险监管司法保障不力，首先表现在农业保险契约的救济方式中，契约双方还不习惯于选择司法救济，一般选择协商或仲裁，能够进入司法救济的案例极少，司法干预契约执行的概率小；其次表现在契约纠纷即使进入司法程序，结果要么因无法可依而难受理，要么以调解而结案，要么受各种因素影响作出不公正、欠科学的判决，或者即使判决也难以执行等；再次，我国司法特点决定司法机关的监督活动带有被动性，没有立法权，也很少主动出台相关农业保险监管的司法解释或指导性判例；最后，受高昂司法成本影响，司法救济往往并非农业保险契约纠纷的最优救济方式。

## 9.3.2　运行监督保障的实现——司法监督

农业保险的司法监管一方面体现法的公平与正义价值，另一方面也体现政策导向与趋势，是农业保险监管体系实现的最后一道屏障。基于实践考察和交易成本分析，发挥该屏障的积极作用，提高农业保险监管的有效性，必须在逐步普及契约纠纷的法律救济方式前提下，提高司法裁量水平，树立司法监督的权威。为提高监督的效率，司法对农业保险监管的监督要从制度供给的过程开始，包括审查正式规则供给程序的规范性、内容的合法性、实质的公平性，从源头上抑制不规范行为的发生，建立风险预警机制，防患于未然。加强对整个农业保险监管过程的监管。农业保险监管一方面作为监管者在行使对农业保险运行的监管，另一方面也是被监管者在接受司法部门的司法监管，从而形成监管权制衡，防止操作的不规范和权力的滥用。另外，司法监督还要加强对农业保险监管执行完结的监管，无论有没有通过司法途径，都需要加强抽查，确保监管目的的最终实现，提高司法的效率和权威。司法救济是农业保险的最后屏障，尽管可能其成本高昂，但效率也是最高的，对契约各方行为的可观察性与可证实性的依赖性也是最大的，是农业保险监管体系不可或缺的组成部分（周智敏和黄玉杰，2007）。

# 第 10 章
## 研究结论与展望

　　我国是一个农业大国，农业是国民经济的基础，农业产业也是一个天生弱质性产业，会受到多重自然风险和系统性风险的威胁。实施农业保险是分散农户经营风险、提高农业风险管理能力，实现农业持续稳定发展的重要工具，农业保险监管则是农业保险高效运行和目标实现的外部保障。2004 年政策性农业保险破题试点以来，宏观上取得阶段性成功，但随之出现的一些新问题凸显监管相对滞后。农业保险监管涉及多学科理论，本书尝试从法与经济学视角，应用规制经济学、制度经济学、信息经济学、法经济学、法理学等相关理论及分析方法，提出我国农业保险监管有效性的衡量体系，并在用此体系对我国农业保险监管进行初步考量的基础上，借鉴国外农业保险监管的成功经验，提出我国农业保险监管生态体系的基本框架及其运行保障，对我国农业保险监管进行初步系统的研究。本书对农业保险监管的研究处于初步阶段，还存在许多不足，需要在后续研究中不断完善和深化。

## 10.1　研究结论

　　主要研究结论如下：

　　（1）农业保险监管是一种有别于一般商业保险监管的特殊保险监管。通过文献梳理与理论分析，研究认为，农业保险是准公共物品的属性决定农业保险监管目标的政策性、监管机构设置的专门性、监管对象的特殊性、监管内容的广泛性、监管人员的专业性、监管机制的协调性。因此农业保险监管是一种有别于一般商业保险监管的特殊保险监管，是国家农业保险监管机构依据相关法律制度对农业保险主体及其行为的监督与管理，是政府管理职能的一部分，也是农业保险实现社会公共利益的需要，更多担负着确保国家惠农政策实现的目标，是农业保险高效运行和政策目标实现的外部保障，这就从根本上决定农业保险监管应具有独立的评价机制与监管体系。

（2）我国农业保险监管有效性衡量体系的构建。基于农业保险有效监管理论，我国农业保险监管的有效性既包含农业保险监管行为对农业保险监管根本目标实现的效益性结果，即农业保险监管行为的宏观效益，其往往通过制度供给来固定，也包含农业保险监管行为对农业保险监管具体目标实现的效率性过程，即农业保险监管行为的微观效率，其往往通过制度执行来实现。所以，农业保险监管有效性衡量体系是一个由衡量指标体系、衡量原则与衡量工具有机构成的完整的理论体系。其中衡量指标体系包括宏观衡量体系和微观衡量体系两个部分，衡量原则包括依法监管与灵活监管相结合、传统监管与创新监管相结合、风险救济与风险防范相结合、内部自我监管与外部强制监管相结合、综合性监管与专业性监管相结合、严格准入与适度竞争相结合、结果监管与过程监管相结合、静态监管与动态监管相结合等原则，衡量工具包括制度变迁分析工具、成本效益分析工具、主体博弈分析工具等。

（3）我国农业保险监管有效性的系统评价。基于农业保险监管基本理论与衡量体系，应用制度分析、成本收益分析、理论模型分析、实证调查分析等方法，通过对我国农业保险监管的宏观与微观分析表明：宏观方面，我国农业保险监管基本实现了其效益需求，稳定了农业保险市场、推动了"三农"经济发展、为经济社会作出巨大贡献，但农业保险监管制度供给不足、成本较高、效益较低；微观方面，我国农业保险监管取得一定实效，规范了各参与主体行为，提高了农业保险运行效率，但整体效率不高，投保农户对农业保险监管绩效评价较低，尚未形成监管者与被监管者最优利益分配机制，没有实现监管利益最大化。因此，我国农业保险监管滞后、效率不高的根本障碍是监管制度供给不均衡，关键因素是制度监管执行不力，迫切需要提高农业保险监管的有效性。

（4）我国农业保险监管生态体系的基本构架和实现机制。我国农业保险监管生态体系的基本构架包括理念、原则和目标组成的总体思想，以及宏观监管体系与微观监管体系。同时，制度体系能否真正实现其效率最大化，运行保障是关键，即农业保险监管有效性不仅来自科学的体系构建，而且来自于科学体系不可分割的实现机制。因此，农业保险监管生态体系的运行保障是涵盖制度供给、制度执行和执行监督三个要素及其对应的立法保证、执法保证和司法保证三个层面在内，相互补充、相互制约的立体生态系统，其中制度完备是立法保障，执行高效是行政保障，监督有力是司法保障。

## 10.2 研 究 展 望

由于我国农业保险及其监管实践历程较短，相关法律制度不健全、政策变化大，《农业保险条例》也已经出台，而农业保险监管有效性的衡量体系及农业保险监管体系的构建又是一个长期的过程，受数据来源、经费、时间及研究能力限制，本书还存在许多不足之处，需要进行持续深入的研究：

（1）继续完善农业保险监管有效性的衡量体系研究。农业保险监管有效性衡量体系是评价我国农业保险监管绩效的标准依据和分析工具，其本身是一个开放的理论体系，尚不够完善，尤其是需要不断地接受农业保险监管实践的检验，并根据实践发展的需要进行不断的完善和发展，因此后续研究要跟上，这需要一个相对长的过程。

（2）继续完善我国农业保险监管生态体系及运行保障。农业保险监管生态体系本身就是一个与农业保险监管实践紧密联系的动态完善过程，农业保险监管的运行保障是一个经济学、管理学与法学研究的结合点，同时又是一个涉及立法、行政、司法等多部门协调的复杂问题，具有很强的操作性，是农业保险监管目标实现的保障，其重要性不言而喻，对于农业保险监管体系运行保障的研究还比较浅显，需要不断深入和在实践操作中发展完善。

# 参 考 文 献

Gart A. 1999. 管制、放松与重新管制. 陈雨露，王智洁，蔡玲译. 北京：经济科学出版社（Becker，1983）.

才英. 2011. 基于农户视角的政策性农业保险绩效研究. 内蒙古农业大学.

陈风. 2012. 政策性农业保险基本法律问题研究. 武汉大学.

陈富良. 2002. S-P-B 规制均衡模型及其修正. 当代财经，7：12-15，49.

陈晓安，叶成徽. 2012. 农业保险中的政府角色：理论诠释与中国的选择. 保险研究，2：40-48.

陈志勇. 2011. 我国农业保险法律监管制度构建刍议. 苏州大学.

程丹，常伟. 2014. 农业现代化背景下的政策性农业保险发展探讨. 安徽农业科学，29：10402-10404，10408.

程静. 2011. 农业旱灾脆弱性及其风险管理研究. 华中农业大学.

邓义. 2012. 试论政策性农业保险契约//李长健. 中国农村法治论坛. 北京：法律出版社：10.

邓义. 2012. 基于规制理论的农业保险运行监管研究. 湖北省经济法学研究会论文集：9.

邓义，陶建平. 2012. 基于信息系统风险的农业保险信息化监管研究. 中国农村法治论坛，北京：法律出版社：10.

邓义，陶建平. 2012. 我国政策性森林保险监管研究. 林业经济，9：79-84.

邓义，陶建平. 2013. 基于契约执行机制视角的农业保险监管研究. 农业经济问题，4：49-54，111.

邓义，陶建平，沈传宝. 2012. 基于契约执行的农业保险运行绩效分析：来自湖北、江西296 个农户的问卷调查. 文史博览（理论），7：39-44.

丁少群，张艳. 2014. 农业保险的政策效果需要监管护航. 中国保险，8：22-25.

丁巍，王俊凤. 2010. 论政策性农业保险的监督管理. 经济视角（下），8：56，57.

丁学东. 2005. 西班牙农业保险政策及对我们的启示. 农业经济问题，（8）：75，76.

董辉. 2010. 我国保险经营监管有效性的目标分析及指标体系研究. 西南财经大学.

方伶俐. 2008. 中国农业保险需求与补贴问题研究. 华中农业大学.

冯文丽. 2004. 中国农业保险制度变迁研究. 厦门大学.

冯文丽，林保清. 2003. 我国农业保险短缺的经济分析. 福建论坛（经济社会版），3.

弗朗茨 R. 1993. 效率：理论、论据和应用. 费方域等译. 上海：上海译文出版社.

韩继坤. 2007. 技术创新、制度创新与科技园区发展研究. 华中科技大学.

何文强. 2008. 理论与制度：我国农业保险法律问题研究. 重庆大学.

何文强. 2008. 论我国政策性农业保险的法律监管. 法学评论，3：37-42.

何文强. 2013. 论农业保险监管中的公民参与. 西南民族大学学报（人文社会科学版），12：108-111.

何小伟，庹国柱，李文中. 2014. 政府干预、寻租竞争与农业保险的市场运作：基于江苏省淮安市的调查.保险研究,8:36-41.

何宗干.2007.我国农业保险发展及其支持政策研究.安徽农业大学.

贺姝勋.2007.中国农业保险监管法律制度探讨.湖南大学.

黑龙江保监局青年读书会课题小组.2004.农业保险的发展模式和监管途径.中国保险,
    3:24-28.

胡争光,李毅.2014.政策性农业保险的规范性经营与监管问题研究.时代金融,
    14:255,259.

黄凌.2010.我国农业保险制度变迁的最优化制度重建.福建师范大学.

黄英君,林俊文,邹盛银.2010.我国农业保险需求的模型构建及理论反思.华东经济管
    理,6:48-52.

黄英君.2009.我国农业保险发展的市场运行机制研究.保险研究,11:44-51.

黄英君.2009.中国农业保险发展的运行机理与机制设计:一个理论框架//中国保险学会.
    中国保险学会首届学术年会论文集.中国保险学会:15.

黄英君.2010.政府职责与中国农业保险的发展.保险职业学院学报,6:50-58.

加特A.1999.管制、放松与重新管制.陈雨露,王智洁,蔡玲译.北京:经济科学出
    版社.

贾蕊.2011.完善我国农业保险法律制度的建议.法制与社会,13:38,39.

姜涛.2012.加快完善我国农业保险法律体系的思考.中国集体经济,1:121,122.

金博,张凌寒.2008.契约的可实施性与权利安排.商场现代化,27:258-260.

康新.2010.我国政策主导性农业保险经营模式研究.湖南农业大学.

克莱因.1999.契约与激励:契约条款在保证履约中的作用//拉斯·沃因,汉斯·韦坎德.
    契约经济学.北京:经济科学出版社.

黎已铭.2006.我国农业保险发展问题研究.西南大学.

李军.2008.中国农村金融"三元结构"制度研究.辽宁大学.

李军,Francis Tuan.2004.农业风险管理和政府的作用:中美农业保险交流与考察.北京:
    中国金融出版社:188-192.

李枔燕.2011.黑龙江省政策性农业保险制度研究.东北农业大学.

李薇.2011.中国保险监管质量研究.吉林大学.

李文.2011.关于我国农业保险法律制度建设的思考.特区经济,2:254,255.

李向敏,龙文军.2007.韩国的农业保险.中国保险,3:60-63.

李裕民,杜永喜,李昕童.2008.坚持适度强制原则 促进农业保险发展.保险研究,
    (1):56-58.

梁伟军.2010.农业与相关产业融合发展研究.华中农业大学.

林毅夫.1994.关于制度变迁的经济学理论:诱致性变迁与强制性变迁//科斯.财产权利与
    制度变迁:产权学派与新制度学派译文集.上海:上海三联书店:374-378.

林毅夫.1998.论制度与制度变迁.中国:发展与改革,(4):49-64.

刘京生.2000.中国农村保险制度论纲.中国社会科学出版社.

刘素春．2010．中国农业保险组织形式研究．武汉大学．

刘欣．2004．美国农业保险制度及借鉴．中国经贸导刊，(22)：46．

龙文，杨海珍，李晶，等．2009．从国际比较的视角看中国再保险市场发展前景//中国管理现代化研究会．第四届（2009）中国管理学年会：金融分会场论文集．中国管理现代化研究会：8．

龙文，杨海珍，李晶，等．2010．从国际比较的视角看中国再险市场发展前景．统计与决策，13：108-111．

龙文军，张显峰．2003．农业保险主体行为的博弈分析．中国农村经济，(5)：76-79．

卢现祥．2003．西方新制度经济学．北京：中国发展出版社：145，146．

吕春生，王道龙，王秀芬．2009．国外农业保险发展及对我国的启示．农业经济问题，2：99-102．

罗帅民，郭永利，王效绩．1997．菲律宾的农业保险计划．保险研究，(5)：35-37．

罗伟．2010．国际保险监管模式比较研究．吉林大学．

孟春．2006．中国农业保险试点模式研究．北京：中国财政经济出版社：87．

孟昭亿．2002．中国保险监管制度研究．北京：中国时政经济出版社：126，127．

米什金．1998．货币金融学．第二版．北京：中国人民大学出版社．

倪雄飞．2004．从法价值角度看保险监管法的完善．黑龙江省政法管理干部学院学报，2：60-62．

诺斯 D C．1995．制度、制度变迁与经济绩效．刘守英译．上海：上海三联书店．

潘江．2011．推进广东省政策性农业保险立法的政府职责研究．华南理工大学．

潘胜莲．2011．我国区域农业保险法律制度研究．华中农业大学．

裴光．2007．保险业信息披露制度的理论分析．保险研究，2：35-37．

彭可茂，席利卿．2011．中国政策性农业保险立法研究综述．现代经济探讨，10：79-83．

彭瑶．2012-05-10．农业保险条例公开征求意见．农民日报，008．

彭钊．2008．我国农业保险立法问题研究．中国政法大学．

蒲成毅．2008．中外农业保险发展困境的根源及对策．软科学，2：97-103．

钱弘道．2003．经济分析法学．北京：法律出版社．

秦政．2010．保险资金运用监管法律制度研究．中山大学．

史丽丽，孙滔．2011-02-17．充分发挥协会职能 推动我市保险业平稳健康发展．廊坊日报，S03．

舒高勇．2006．借鉴欧洲农业保险发展经验、探索中国特色农业保险发展模式．保险职业学院学报，(4)：45．

斯密 A．1997．国民财富的性质和原因的研究（下卷）．北京：商务印书馆：318．

孙巧云．2009．我国农业保险制度均衡研究．西安理工大学．

孙要伟．2011．我国农业保险法律问题研究．西南大学．

唐浩诚．2010．农业保险立法研究．西南政法大学．

田野，胡迁，马明华．2005．法国农业互助保险及对中国的启示．农村经济，10：119-122．

庹国柱．2012-06-13．亮点背后不能"泛泛而谈"．金融时报，010.

庹国柱．2012．论政策性农业保险中的道德风险及其防范．清华大学经济管理学院中国保险与风险管理研究中心等：6.

庹国柱．2012．农业保险本质上是农业问题，是国家以保险为工具实施的一项支农政策：对《农业保险条例（征求意见稿）》的评论．中国保险，6：8-13.

庹国柱．2013a．论农业保险中的"协会保险人"及其监管．中国保险，12：40-44.

庹国柱．2013b．论政策性农业保险监管的特点和需求．中国保险，9：20-24.

庹国柱．2013-09-27．农险中的政府行为存在监管真空．上海证券报，A01.

庹国柱．2014．美国加拿大农业保险政策和监管的经验借鉴．保险职业学院学报，1：64-66.

庹国柱．2014．中国农业保险的政策及其调整刍议．保险职业学院学报，2：22-27.

庹国柱，李军，王国军．2001．外国农业保险立法的比较与借鉴．中国农村经济，(1)：48.

庹国柱，李军．2005．农业保险．北京：中国人民出版社：33.

庹国柱，朱俊生．2005．关于我国农业保险制度建设几个重要问题的探讨．中国农村经济，6：46-52，74

庹国柱，朱俊生．2014．完善我国农业保险制度需要解决的几个重要问题．保险研究，2：44-53.

汪孝宗．2009．沈阳"新车共保"是规范还是垄断？中国经济周刊，32：31-33.

王成丽．2009．不同补贴方式下农业保险的福利研究．华中农业大学．

王俊凤．2009．中国政策性农业保险立法问题研究．东北农业大学．

王清涛．2008．我国农业保险的制度变迁及制度构建．西南财经大学．

王占军．2005．我国银行业监管效率研究．东北财经大学．

王中军．2009．我国政策性农业保险制度设计研究．苏州大学．

温世扬，姚赛．2012．我国农业保险及其法律规制．江西社会科学，5：133-138.

文思捷．2009．中国农业保险发展中的政府职责．西南财经大学．

文小才．2007．我国农业保险发展的窘境与政府在农业保险发展中的作用．金融理论与实践，(7)：73-75.

吴九红．2005．中国商业保险监管研究．河海大学．

吴树波．2000．日本的农业保险及其启示．国外农业，(7)：45.

项俊波．2013．2013年的中国保险监管工作．保险研究，2：3-10.

项俊波．2012．增强保险监管的有效性．中国金融，2：9-11.

肖军．2013．政府补贴农业保险的福利效应及启示．中南林业科技大学．

肖条军．2004．博弈论及其应用．上海：上海三联书店：1，2.

肖焰．2005．企业治理结构变迁研究．西北农林科技大学．

解淑贞．2010．安丘市农业保险及发展对策分析．中国农业科学院．

谢平．2004．《金融学》全国高校师资培训班讲座．中国人民大学主办．

谢小弓．2015．论保险监管法律中的"适合度准则"对农业保险的作用．暨南学报（哲学社会科学版），2.

徐莉.2007. 政策性农业保险制度的构建. 中国政法大学.

徐卫东.2004. 保险法学. 北京：科学出版社：142-146.

徐向勇.2011-01-28. 农业保险监管面临的主要问题. 中国保险报, 002.

徐向勇.2011-02-10. 提升农业保险外部监管效能的基本途径. 中国保险报, 002.

徐向勇.2011-02-15. 浅谈农业保险参与主体问题. 中国保险报, 002.

杨传喜.2011. 农业科技资源配置效率问题研究. 华中农业大学.

杨华柏.2012. 加快农业保险立法进程. 中国金融, 8：39-41.

杨华柏.2012-05-23. 农业保险定位"商业保险"更符合国情. 金融时报, 009.

杨小顺.2010. 湖南省金融服务业竞争力分析. 长沙理工大学.

姚壬元.2007. 农业保险体系中政府责任的合理界定. 商业时代, 33：6-8.

袁辉, 李永芳.2011. 我国农业保险市场供求研究. 财政研究, (5)：55-59.

岳锋, 王智慧, 周国新.2005. 制度均衡与制度非均衡. 天府新论, S1：71-74.

张长利.2009. 政策性农业保险法律问题研究. 北京：中国政法大学出版社：20.

张海英.2012. 试论农业保险保费补贴资金的财政监管. 现代经济信息, 24：388.

张红梅, 韩露露.2009. 我国政策性农业保险监管法律制度的现状与启示. 法制与社会,
    34：64, 65.

张惠.2007. 银行监管治理研究. 天津财经大学.

张团囡, 高超, 郭洪渊.2012. 美国农业保险的机构监管及启示. 生产力研究, 9：154-156.

张莎.2009. 论我国农业保险法的构建. 重庆大学.

张曙光.2003. 论制度均衡和制度变革//盛洪. 现代制度经济学. 北京：北京大学出版社：
    244-246.

张晓慧.1995. 监管经济学//贝多广. 证券经济理论. 上海：上海人民出版社.

张新生.2014. 我国涉农保险优化发展的监管制度探析. 郑州大学学报（哲学社会科学版）,
    1：68-71.

赵国新.2008. 有效保险监管研究. 保险研究, 8：49-51.

周建华.2005. 日本农业保险发展概述及启示. 湖南农业大学学报（社会科学版）,
    6 (5)：33.

周强.2011. 论政策性农业保险监管权的重构. 农业经济, 2：71, 72.

周延礼.2012. 我国农业保险的成绩、问题及未来发展. 保险研究, 5：3-9.

周英强.2012. 我国农业保险的困境与出路. 产业与科技论坛, 5：27-29.

朱敏.2008. 中国农业保险模式研究. 湖南农业大学.

朱水连. 政策性农业保险中农民和政府的行为分析. 山东大学, 2009.

左玉含.2011. 我国农业保险法律制度研究. 郑州大学.

Becker G S. 1983, A Theory of Competition Among Pressure Groups for Political Influence. The
    Quarteriy Joumal of Economics XCVIII. http：//www. cnpension. net/index_ lm/2008-05-26/
    news1211806311d108936. html ［2014-03-20］.

OECD. 1997. Insurance Regulation and Supervision in Economies in Transition-Second East-West

Conference on Insurance Systems in Economies in Transition. Paris, (2): 53.

Demsetz H. 1969. Information and Efficiency: Another Viewpoint. Journal of Law and Economics, 12.

Goodhart C. et al. 1988. Financial Regulation: Why, How and Where Now? Routledge.

GlauberJ W, Collins K J. 2002. Crop Insurance, Disaster Assistance, and the Role of the Federal Government in Providing Catastrophic Risk Protection. Agricultural Finance Review, Fall: 82-103.

Hard C E, Babcock B A. 2001. Ranking of Risk Management Strategies Combing Crop Insurance Products and Marketing Positions. Working Paper, (1): 67.

Harold D S, Robert W K. 2000. Insurance Regulation in the Public In terest: The Path Towards Solvent Competitive Markets. The Geneva Papers on Risk and Insurance: Issues and Practice, (4): 482- 504.

Joseph W Glauber, Keith J. Collins. 2002. Crop Insurance, Disaster Assistance, and the Role of the Federal Government in Providing Catastrophic Risk Protection. Agricultural Finance Review: 82-103.

Just R E, Calvin L, Quiggin J. 1999. Adverse Selection in Crop Insurance. Amer. J. Agr. Econ, 81: 834-849.

Levine M E, Forrence J L. 1990. Regulation Capture, Public Interest, and the Public Agenda: Toward a Synthesis. Journal of Law, Economics, and Organization, Special Issue, 6: 167-198.

North D C. 1990. Institutions, Institutional Change and Economic Performance. Cambridge: Cambridge University Press.

Peltzman S. 1976. Toward a More General Theory of Regulation. Journal of Law and Economics, (19): 211-240.

Posner R A. 1975. The Social Costs of Monopoly and Regulation. Journal of Political Economy, 83.

Posner R A. 1980. The Ethical and Political Basis of the Efficiency Norm in Common Law Adjucation. Hofstra Law Review, 487.

Richard E. 1999. Just, Linda Calvin, John Quiggin. Adverse selection in crop insurance Actuarial and asymmetric information incentives. American. Journal of Agricultural Economics, 834.

Rothschild M, Stiglitz J E. 1976. Equilibrium in Competitive Insurance Marker, Quartertly Journal of Economics, (90): 629-649.

Simon H A. 1971. Administrative Behavior-A Study of Decision Making Processes in Administrative Organization. New York: Macmillan Publishing Co, Inc.

Stigler G J. 1971. The Theory of Economic Reulation. Bell Journal of Economics and Management Science, (1): 234-259.

Wright B D, Hewitt J D. 1990. All Risk Crop Insurance: Lessons From Theory and Experience. Giannini Foundation, California Agricultural Experiment Station, Berkeley, April.

Yamauchi Toyoji. 1986. Evolution of the Crop Insurance Programe in Japan: 225.

# 附　　录

## 附录1　中国试点地区农业保险调查问卷

**尊敬的受访者：**

您好！

我们是中国试点地区农业保险调查组成员，主要调查试点地区农业保险的执行情况，尤其是保险合同的实际履行情况。非常感谢您抽出宝贵的时间回答我们的调查问卷，我们将严格按照《中华人民共和国统计法》的要求进行，不用填写姓名和地址，答案没有对错，所有答案只用于统计分析，您只需要根据现实情况，结合自己的看法将合适的选项打"√"或者在＿＿＿＿＿＿处书写答案，答案尽量穷尽。

谢谢您的帮助！

《我国农业保险监管》课题组
中国保险监督管理委员会
中华联合财产保险有限公司
2012年1月

问卷编号：＿＿＿＿＿＿＿＿＿＿
调查地点：＿＿＿＿＿省＿＿＿＿＿
　　　　　区/县
　　　　　＿＿＿＿＿　街　道/镇
　　　　　＿＿＿＿＿村
调查时间：＿＿＿＿＿年＿＿＿＿＿
月＿＿＿＿＿日
调查员：＿＿＿＿＿＿＿

**基本情况**

1. 您的文化程度是　　　　　　　（代码A）
2. 您从事农业生产的水平（时间）　（代码B）
3. 近三年您家庭年收入的平均状况　（代码C）
4. 您的家庭收入来源中农业收入所占比重
（代码D）。
5. 您现在承包耕地的规模　　　　　（代码E）
6. 您的家庭经济负担状况　　　　　（代码F）

注：请按照下框的代码填写

代码A：1=低（小学及以下）；2=中（初中、高中、中专等）；3=高（大专及以上）

代码B：1=低（从事2年及以下）；2=中（2~5年）；3=高（从事5年及以上）

代码C：1=低（1万元及以下）；2=中（1万~3万元）；3=高（3万及以上）

代码D：1=低（50%及以下）；2=中（50%~90%）；3=高（90%及以上）

代码E：1=低（5亩及以下）；2=中（5~20亩）；3=高（20亩及以上）

代码F：1=低（无负担或负担较轻）；2=中（有负担但是不严重）；3=高（负担重或者很重）

# 一、农业风险认知情况

（请在对应的□打"√"：1＝非常了解；2＝了解；3＝了解一点；4＝不了解；5＝完全不了解）

| （一）认知程度 | 1 2 3 4 5 |
|---|---|
| 1. 您了解农业风险的种类吗 | □ □ □ □ □ |
| 2. 您了解农业风险中的自然风险及其危害吗 | □ □ □ □ □ |
| 3. 您了解规避自然风险的措施吗 | □ □ □ □ □ |
| 4. 您了解本地自然风险的特点吗 | □ □ □ □ □ |
| 您认为本地自然风险的特点是＿＿＿＿＿＿＿＿＿＿ | |
| 5. 您了解我国的（或本地）农业保险政策吗 | □ □ □ □ □ |
| 6. 您了解政策性农业保险的作用吗 | □ □ □ □ □ |

（二）认知途径

1. 您了解农业保险政策的途径 （　　）

    A 政府宣传　　　　　　　　B 保险公司宣传　　　　　　C 电视、报刊、广播等媒体

    D 网络　　　　　　　　　　E 道听途说　　　　　　　　F 其他＿＿＿＿＿＿＿＿＿＿

（三）风险规避

1. 您会选择农业保险来规避农业风险（自然灾害）吗 （　　）

    A 会　　　　　　　　　　　B 不会　　　　　　　　　　C 其他，如看别人怎么办

2. 您认为有效防范农业自然灾害的措施主要有哪些（多选） （　　）

    A 农业保险　　　　　　　　B 政府救济　　　　　　　　C 村民互助

    D 村民储蓄等自助　　　　　E 加强农业基础设施建设　　F 政府为主的防治措施

    G 其他＿＿＿＿＿＿

# 二、农业保险需求情况

| （一）您现在有没有投农业保险 | A 有 | B 没有 |
|---|---|---|
| | 1. 如果投保了，您投保的险种是 （　　）<br>A 水稻保险　B 玉米保险　C 棉花保险<br>D 大豆保险　E 小麦保险　F 油菜保险<br>G 能繁母猪保险H 奶牛保险　I 其他＿＿＿＿<br>2. 您投保的面积（范围或者规模） （　　）<br>A 低（50%及以下）　　　B 中（50%～80%）<br>C 高（80%及以上）<br>3. 您购买农业保险的承保公司是 （　　）<br>A 中华联合财产保险公司　B 人保财产保险公司<br>C 国元农业保险公司　　　D 中保财产保险公司<br>E 其他＿＿＿＿ | 1. 您还未投保原因可能<br>＿＿＿＿（　　）<br>A 遇到灾害国家会救济<br>　B 遇到风险的可能性<br>不大，可通过其他方式<br>化解　C 不了解或者不<br>相信农业保险　D 买保<br>险的程序及保险条款太<br>复杂　E 成本低，损失<br>了也没关系　F 当地保<br>险公司未开办农业保险 |

中国农业保险监管研究

| （一）您现在有没有投农业保险 | A 有 | B 没有 |
|---|---|---|
| | 4. 您投保的原因是 （ ）<br>　A 有保障，自愿购买　　B 政府强制或政策引导<br>　C 受保险公司宣传影响　D 其他_____<br>5. 您愿意投保的风险是　　　　　　　（ ）<br>　A 洪涝　　B 干旱　　　C 冰雹　　　D 台风<br>　E 霜冻　　F 病害　　　G 虫害　　　H 其他<br>6. 您愿意承担的最高保费 （以占农作物种植成本比重为依据）是　　　%<br>7. 您希望获得的最低赔付 （以占农作物种植成本比重为依据）是　　　% | 业务　G 不知道已有农业保险业务　H 曾经买过，印象不好，理赔难　I 保险费太高，无力承担保费　J 其他_____ |
| （二）未来有无购买农业保险计划 | A 有　　　　　　　　B 随便 （无明确购买意愿）　　　　　　C 没有 | |
| （三）您对农业保险最看重什么 | A 出险后赔偿多少　B 保险公司的信用　C 有无合适的险种　D 风险发生几率<br>E 保费额　F 政府补贴　G 周围是否投保 | |

## 三、对现有农业保险契约 （合同或者保单） 的评价
（请在对应的□打 "√"：1＝非常熟悉；2＝熟悉；3＝基本熟悉；4＝不熟悉；5＝非常不熟悉）

| （一）熟悉度 | 1 2 3 4 5 |
|---|---|
| 1. 您对投保的农业保险合同 （或者保单） 的基本内容是否熟悉 | □ □ □ □ □ |
| 2. 您对当前国家出台的关于农业保险政策是否熟悉 | □ □ □ □ □ |
| 3. 您对农业保险的收费 （费率） 和出险赔付金额 （比率） 是否熟悉 | □ □ □ □ □ |
| 4. 您对农业保险出险赔付的条件和程序是否熟悉 | □ □ □ □ □ |
| 5. 您对违反农业保险合同的处理措施 （结果） 是否熟悉 | □ □ □ □ □ |

（请在对应的□打 "√"：1＝非常满意；2＝满意；3＝基本满意；4＝不满意；5＝非常不满意）

| （二）满意度 | 1 2 3 4 5 |
|---|---|
| 1. 如果您已投保农业保险，您对农业保险的总体感觉是 | □ □ □ □ □ |
| 2. 您对投保的农业保险合同 （或保单） 的内容是否满意 | □ □ □ □ □ |
| 3. 您对农业保险合同 （或保单） 对投保者权利的保障是否满意 | □ □ □ □ □ |

附录

153

| （二）满意度 | 1 2 3 4 5 |
|---|---|
| 4. 您对当前承保的保险公司是否满意 | ☐ ☐ ☐ ☐ ☐ |
| 5. 您对当前国家出台的关于农业保险政策是否满意 | ☐ ☐ ☐ ☐ ☐ |
| 6. 您觉得国家出台的关于农业保险的政策的落实是否满意 | ☐ ☐ ☐ ☐ ☐ |
| 7. 您对现在农业保险的保费金额是否满意 | ☐ ☐ ☐ ☐ ☐ |
| 8. 您对现在农业保险的收费方式是否满意 | ☐ ☐ ☐ ☐ ☐ |
| 9. 您对现在农业保险的收费依据（指依据责任田面积）是否满意 | ☐ ☐ ☐ ☐ ☐ |
| 10. 您对现在农业保险的赔偿金额是否满意 | ☐ ☐ ☐ ☐ ☐ |
| 11. 您对保险公司承保范围（或者险种）是否满意 | ☐ ☐ ☐ ☐ ☐ |
| 12. 您对保险公司承保服务工作是否满意 | ☐ ☐ ☐ ☐ ☐ |
| 13. 您对保险公司投保理赔工作是否满意 | ☐ ☐ ☐ ☐ ☐ |

## 四、对现有农业保险契约（合同或者保单）运行绩效的评价

（请在对应的☐打"√"：：1＝非常满意；2＝满意；3＝基本满意；4＝不满意；5＝非常不满意）

| （一）执行过程 | 1 2 3 4 5 |
|---|---|
| 前期工作： | |
| 1. 订立保险合同前保险公司的宣传咨询活动有_____，您是否满意 | ☐ ☐ ☐ ☐ ☐ |
| 2. 订立保险合同前政府部门的宣传咨询活动有_____，您是否满意 | ☐ ☐ ☐ ☐ ☐ |
| 3. 订立保险合同前其他组织的宣传咨询活动有_____，您是否满意 | ☐ ☐ ☐ ☐ ☐ |
| 保费收取： | |
| 1. 保费收取时间一般是：_____<br>2. 保费一般如何收取：<br>　　A 上门收（谁收_____）；B 自己缴（缴谁_____）；<br>　　C 扣缴（如何扣_____）；D 其他方式（_____）<br>3. 收取的标准和依据：_____ | |
| 4. 您对保费收取的时间是否满意 | ☐ ☐ ☐ ☐ ☐ |
| 5. 您对保费收取的方式是否满意 | ☐ ☐ ☐ ☐ ☐ |
| 6. 您对保费收取的标准和依据是否满意 | ☐ ☐ ☐ ☐ ☐ |
| 过程监控： | |
| 1. 订立保险合同后，保险公司提供的服务有_____您是否满意 | ☐ ☐ ☐ ☐ ☐ |
| 2. 订立保险合同后，政府部门提供的服务有_____您是否满意 | ☐ ☐ ☐ ☐ ☐ |
| 3. 订立保险合同后，其他组织提供的服务有_____您是否满意 | ☐ ☐ ☐ ☐ ☐ |
| 违约情况： | |

| （一）执行过程 | 1 2 3 4 5 |
|---|---|
| 1. 您有没有违约过，例如_____ <br> 2. 保险公司有没有违约过，例如_____ | |
| 违约救济： | |
| 1. 保险公司对农户的违约是如何处理的_____ <br>    您对这些处理是否满意 | ☐ ☐ ☐ ☐ ☐ |
| 2. 监督机构对保险公司的违约是如何处理的_____ <br>    您对这些处理是否满意 | ☐ ☐ ☐ ☐ ☐ |

（请在对应的☐打"√"：1＝非常满意；2＝满意；3＝基本满意；4＝不满意；5＝非常不满意）

| （二）作用效果 | 1 2 3 4 5 |
|---|---|
| 1. 您在最近5年有没有得到农业保险理赔（　　）A 有　　　B 无 <br>    您对政策性农业保险的理赔评价 | ☐ ☐ ☐ ☐ ☐ |
| 2. 您对政策性农业保险的收费评价 | ☐ ☐ ☐ ☐ ☐ |
| 3. 您对政策性农业保险稳定农作物产量作用的评价 | ☐ ☐ ☐ ☐ ☐ |
| 4. 您对政策性农业保险稳定农户收入作用的评价 | ☐ ☐ ☐ ☐ ☐ |
| 5. 您对政策性农业保险执行现状总体的评价 | ☐ ☐ ☐ ☐ ☐ |
| 6. 您对目前政策性农业保险增强抵御自然风险能力作用的评价 | ☐ ☐ ☐ ☐ ☐ |

## 五、对未来农业保险和保险契约（合同或保单）的期望（开放式访谈）

1. 您认为目前农业保险主要存在哪些问题？
2. 您对农业保险主体（保险公司和政府）的期望？
3. 您对农业保险范围（险种）的期望？
4. 您对农业保险费用承担和理赔费用的期望？
5 您对农业保险运行方式与服务质量的期望？

## 附录2　农业保险条例

### 中华人民共和国国务院令
### 第 629 号

　　《农业保险条例》已经 2012 年 10 月 24 日国务院第 222 次常务会议通过，现予公布，自 2013 年 3 月 1 日起施行。

总理　温家宝

2012 年 11 月 12 日

# 农业保险条例

第一章 总　则

第一条　为了规范农业保险活动，保护农业保险活动当事人的合法权益，提高农业生产抗风险能力，促进农业保险事业健康发展，根据《中华人民共和国保险法》、《中华人民共和国农业法》等法律，制定本条例。

第二条　本条例所称农业保险，是指保险机构根据农业保险合同，对被保险人在种植业、林业、畜牧业和渔业生产中因保险标的遭受约定的自然灾害、意外事故、疫病、疾病等保险事故所造成的财产损失，承担赔偿保险金责任的保险活动。

本条例所称保险机构，是指保险公司以及依法设立的农业互助保险等保险组织。

第三条　国家支持发展多种形式的农业保险，健全政策性农业保险制度。

农业保险实行政府引导、市场运作、自主自愿和协同推进的原则。

省、自治区、直辖市人民政府可以确定适合本地区实际的农业保险经营模式。

任何单位和个人不得利用行政权力、职务或者职业便利以及其他方式强迫、限制农民或者农业生产经营组织参加农业保险。

第四条　国务院保险监督管理机构对农业保险业务实施监督管理。国务院财政、农业、林业、发展改革、税务、民政等有关部门按照各自的职责，负责农业保险推进、管理的相关工作。

财政、保险监督管理、国土资源、农业、林业、气象等有关部门、机构应当建立农业保险相关信息的共享机制。

第五条　县级以上地方人民政府统一领导、组织、协调本行政区域的农业保险工作，建立健全推进农业保险发展的工作机制。县级以上地方人民政府有关部门按照本级人民政府规定的职责，负责本行政区域农业保险推进、管理的相关工作。

第六条　国务院有关部门、机构和地方各级人民政府及其有关部门应当采取多种形式，加强对农业保险的宣传，提高农民和农业生产经营组织的保险意识，组织引导农民和农业生产经营组织积极参加农业保险。

第七条　农民或者农业生产经营组织投保的农业保险标的属于财政给予保险费补贴范围的，由财政部门按照规定给予保险费补贴，具体办法由国务院财政部门商国务院农业、林业主管部门和保险监督管理机构制定。

国家鼓励地方人民政府采取由地方财政给予保险费补贴等措施，支持发展农业保险。

第八条　国家建立财政支持的农业保险大灾风险分散机制，具体办法由国务院财政部门会同国务院有关部门制定。

国家鼓励地方人民政府建立地方财政支持的农业保险大灾风险分散机制。

第九条　保险机构经营农业保险业务依法享受税收优惠。

国家支持保险机构建立适应农业保险业务发展需要的基层服务体系。

国家鼓励金融机构对投保农业保险的农民和农业生产经营组织加大信贷支持力度。

第二章　农业保险合同

第十条　农业保险可以由农民、农业生产经营组织自行投保，也可以由农业生产经营组织、村民委员会等单位组织农民投保。

由农业生产经营组织、村民委员会等单位组织农民投保的，保险机构应当在订立农业保险合同时，制定投保清单，详细列明被保险人的投保信息，并由被保险人签字确认。保险机构应当将承保情况予以公示。

第十一条　在农业保险合同有效期内，合同当事人不得因保险标的的危险程度发生变化增加保险费或者解除农业保险合同。

第十二条　保险机构接到发生保险事故的通知后，应当及时进行现场查勘，会同被保险人核定保险标的的受损情况。由农业生产经营组织、村民委员会等单位组织农民投保的，保险机构应当将查勘定损结果予以公示。

保险机构按照农业保险合同约定，可以采取抽样方式或者其他方式核定保险标的的损失程度。采用抽样方式核定损失程度的，应当符合有关部门规定的抽样技术规范。

第十三条　法律、行政法规对受损的农业保险标的的处理有规定的，理赔时应当取得受损保险标的已依法处理的证据或者证明材料。

保险机构不得主张对受损的保险标的的残余价值的权利，农业保险合同另有约定的除外。

第十四条　保险机构应当在与被保险人达成赔偿协议后 10 日内，将应赔偿的保险金支付给被保险人。农业保险合同对赔偿保险金的期限有约定的，保险机构应当按照约定履行赔偿保险金义务。

第十五条　保险机构应当按照农业保险合同约定，根据核定的保险标的的损失程度足额支付应赔偿的保险金。

任何单位和个人不得非法干预保险机构履行赔偿保险金的义务，不得限制被保险人取得保险金的权利。

农业生产经营组织、村民委员会等单位组织农民投保的，理赔清单应当由被保险人签字确认，保险机构应当将理赔结果予以公示。

第十六条　本条例对农业保险合同未作规定的，参照适用《中华人民共和国保险法》中保险合同的有关规定。

第三章　经营规则

第十七条　保险机构经营农业保险业务，应当符合下列条件，并经国务院保险监督管理机构依法批准：

（一）有完善的基层服务网络；

（二）有专门的农业保险经营部门并配备相应的专业人员；

（三）有完善的农业保险内控制度；

（四）有稳健的农业再保险和大灾风险安排以及风险应对预案；

（五）偿付能力符合国务院保险监督管理机构的规定；

（六）国务院保险监督管理机构规定的其他条件。

未经依法批准，任何单位和个人不得经营农业保险业务。

第十八条　保险机构经营农业保险业务，实行自主经营、自负盈亏。

保险机构经营农业保险业务，应当与其他保险业务分开管理，单独核算损益。

第十九条　保险机构应当公平、合理地拟订农业保险条款和保险费率。属于财政给予保险费补贴的险种的保险条款和保险费率，保险机构应当在充分听取省、自治区、直辖市人民政府财政、农业、林业部门和农民代表意见的基础上拟订。

农业保险条款和保险费率应当依法报保险监督管理机构审批或者备案。

第二十条　保险机构经营农业保险业务的准备金评估和偿付能力报告的编制，应当符合国务院保险监督管理机构的规定。

农业保险业务的财务管理和会计核算需要采取特殊原则和方法的，由国务院财政部门制定具体办法。

第二十一条　保险机构可以委托基层农业技术推广等机构协助办理农业保险业务。保险机构应当与被委托协助办理农业保险业务的机构签订书面合同，明确双方权利义务，约定费用支付，并对协助办理农业保险业务的机构进行业务指导。

第二十二条　保险机构应当按照国务院保险监督管理机构的规定妥善保存农业保险查勘定损的原始资料。

禁止任何单位和个人涂改、伪造、隐匿或者违反规定销毁查勘定损的原始资料。

第二十三条　保险费补贴的取得和使用，应当遵守依照本条例第七条制定的具体办法的规定。

禁止以下列方式或者其他任何方式骗取农业保险的保险费补贴：

（一）虚构或者虚增保险标的或者以同一保险标的进行多次投保；

（二）以虚假理赔、虚列费用、虚假退保或者截留、挪用保险金、挪用经营费用等方式冲销投保人应缴的保险费或者财政给予的保险费补贴。

第二十四条　禁止任何单位和个人挪用、截留、侵占保险机构应当赔偿被保险人的保险金。

第二十五条　本条例对农业保险经营规则未作规定的，适用《中华人民共和国保险法》中保险经营规则及监督管理的有关规定。

第四章　法律责任

第二十六条　保险机构未经批准经营农业保险业务的，由保险监督管理机构责令改正，没收违法所得，并处违法所得1倍以上5倍以下的罚款；没有违法所得或者违法所得不足10万元的，处10万元以上50万元以下的罚款；逾期不改正或者造成严重后果的，责令停业整顿或者吊销经营保险业务许可证。

保险机构以外的其他组织或者个人非法经营农业保险业务的，由保险监督管理机构予以取缔，没收违法所得，并处违法所得1倍以上5倍以下的罚款；没有违法所得或者违法所得不足20万元的，处20万元以上100万元以下的罚款。

第二十七条　保险机构经营农业保险业务，有下列行为之一的，由保险监督管理机构责令改正，处10万元以上50万元以下的罚款；情节严重的，可以限制其业务范围、责令停止接受新业务或者取消经营农业保险业务资格：

（一）编制或者提供虚假的报告、报表、文件、资料；

（二）拒绝或者妨碍依法监督检查；

（三）未按照规定使用经批准或者备案的农业保险条款、保险费率。

第二十八条　保险机构经营农业保险业务，违反本条例规定，有下列行为之一的，由保险监督管理机构责令改正，处5万元以上30万元以下的罚款；情节严重的，可以限制其业务范围、责令停止接受新业务或者取消经营农业保险业务资格：

（一）未按照规定将农业保险业务与其他保险业务分开管理，单独核算损益；

（二）利用开展农业保险业务为其他机构或者个人牟取不正当利益；

（三）未按照规定申请批准农业保险条款、保险费率。

保险机构经营农业保险业务，未按照规定报送农业保险条款、保险费率备案的，由保险监督管理机构责令限期改正；逾期不改正的，处 1 万元以上 10 万元以下的罚款。

第二十九条　保险机构违反本条例规定，保险监督管理机构除依照本条例的规定给予处罚外，对其直接负责的主管人员和其他直接责任人员给予警告，并处 1 万元以上 10 万元以下的罚款；情节严重的，对取得任职资格或者从业资格的人员撤销其相应资格。

第三十条　违反本条例第二十三条规定，骗取保险费补贴的，由财政部门依照《财政违法行为处罚处分条例》的有关规定予以处理；构成犯罪的，依法追究刑事责任。

违反本条例第二十四条规定，挪用、截留、侵占保险金的，由有关部门依法处理；构成犯罪的，依法追究刑事责任。

第三十一条　保险机构违反本条例规定的法律责任，本条例未作规定的，适用《中华人民共和国保险法》的有关规定。

第五章　附　则

第三十二条　保险机构经营有政策支持的涉农保险，参照适用本条例有关规定。

涉农保险是指农业保险以外、为农民在农业生产生活中提供保险保障的保险，包括农房、农机具、渔船等财产保险，涉及农民的生命和身体等方面的短期意外伤害保险。

第三十三条　本条例自 2013 年 3 月 1 日起施行。


### 附录 3　农业保险条例（征求意见稿）

2012 年 5 月 4 日　国务院法制办公室

第一章　总　则

第一条　为了提高农业生产抗风险能力，完善农业支持保护体系，规范农业保险活动，保护农业保险活动当事人的合法权益，维护社会公共利益，促进农业保险事业健康发展，根据《中华人民共和国保险法》和《中华人民共和国农业法》等法律，制定本条例。

第二条　本条例所称农业保险，是指保险公司根据农业保险合同，对被保险人在农业生产过程中因保险标的遭受约定的自然灾害、意外事故、疫病或者疾病等事故所造成的财产损失承担赔偿保险金责任的保险活动。

本条例所称农业，是指种植业、林业、畜牧业和渔业等产业。

第三条　国家支持发展农业保险事业。农业保险实行政府引导、政策支持、市场运作、自主自愿和协同推进的原则。

各省、自治区、直辖市可以探索适合本地区实际的农业保险经营模式。

第四条　国务院建立由国家发改委、国务院民政部门、国务院财税部门、国务院水利部门、国务院农业行政主管部门、国务院林业行政主管部门、国务院气象部门和国务院保险监督管理机构等部门参加的农业保险工作协调机制，指导和协调全国农业保险工作。

国务院民政部门参与组织农业保险防灾减灾、灾后救助等工作。

国务院财税部门研究制定农业保险的财税支持政策，制定农业保险相关财务管理和会计核算等制度。

国务院水利部门、气象部门参与农业风险研究和防灾减灾等工作。

国务院农业、林业行政主管部门研究农业保险的发展需求，参与农业风险研究、防灾减灾等工作。

国务院保险监督管理机构对农业保险业务实施监督管理，参与组织农业风险研究等工作。

第五条　县级以上地方各级人民政府统一领导、组织、协调本行政区域农业保险事业的发展管理工作，建立健全推进农业保险事业发展的工作机制。

县级以上地方各级人民政府依照本条例和国务院规定，确定本级民政、财税、农业、林业等部门的管理职责。各相关部门应当加强沟通、密切配合，按照各自职责分工，依法在本行政区域内做好农业保险的推进管理工作。

地方各级人民政府应当加大对农业保险的宣传力度，提高农业生产经营者的保险意识，组织引导农业生产经营者积极参加农业保险。

第六条　各级人民政府、保险公司、农业生产组织等机构和个人应当依法参与农业保险活动。

本条例所称农业生产组织，是指农村集体经济组织、农民生产专业合作经济组织和其他从事农业生产的组织。

第二章　政策支持

第七条　国家对符合条件的农业保险实施财政保费补贴政策，财政保费补贴的具体办法由国务院财政部门制定。

第八条　农业保险依法享受国家税收优惠政策。税收优惠的具体办法由国务院财政、税务主管部门制定。

第九条　鼓励地方各级人民政府采取保费补贴、经营费用补贴和再保险费用补贴等多种形式支持农业保险发展。

第十条　鼓励农业生产组织通过宣传、组织、协助以及提供保费补贴等多种方式参与农业保险活动。

第十一条　国家建立财政支持的农业保险大灾风险分散机制，具体管理办法由国务院财政部门会同有关部门制定。

鼓励各省、自治区、直辖市人民政府因地制宜、探索建立地方财政支持的农业保险大灾风险分散机制。

第十二条　国家建立国土资源、农业气象、农业生产基础信息、防灾减灾等农业保险相关信息的共享机制，加强农业风险基础性研究。

第十三条　地方各级人民政府应当支持保险公司建立适应农业保险业务发展需要的基层服务网络体系。

第十四条　鼓励金融机构对投保农业保险的农业生产组织和个人加大信贷支持力度。

第三章　农业保险合同

第十五条　农业保险合同订立时，投保人和被保险人应为同一人。

农业保险合同的被保险人在合同订立时和保险事故发生时，应当对保险标的具有保险利益。

农业保险合同保险标的转让的，保险标的的受让人承继被保险人的权利和义务，被保险人或者受让人应当及时通知保险公司。

第十六条　农业生产组织、村委会等单位，组织农户集体投保农业保险的，保险公司应当在订立农业保险合同时，制定分户投保清单，详细列明投保人的投保信息，并由投保人签字确认。

保险公司依照前款规定订立农业保险合同的，应当采取适当方式对承保情况进行公示。

第十七条　任何单位和个人在农业保险活动中不得利用行政权力、职务或者职业便利以及其他不正当手段强迫、引诱或者限制投保人订立保险合同。

第十八条　在农业保险合同的有效期内，合同当事人不得因保险标的危险程度发生变化增加或者减少保险费，也不得解除农业保险合同。

第十九条　保险公司可以采取抽样方式核定保险标的损失程度。采取的抽样方式应当符合农业技术部门的规定要求和标准。

需要采取其他特殊方式核定损失的，应当在保险合同中约定。

第二十条　国家法律法规对农业保险受损标的处理有明确规定的，应当依法进行处理。在理赔时，应当取得受损标的处理的证据或者其他证明材料。

保险公司不得主张受损保险标的的残余物价值，保险合同另有约定的除外。

第二十一条　保险公司应当在与被保险人达成赔偿协议后十日内，将农业保险赔款支付给被保险人。农业保险合同对赔偿保险金的期限有约定的，保险公司应当按照约定履行赔偿保险金义务。

组织农户集体投保的，理赔清单应当由被保险人签字确认，并采取适当方式予以公示。

第二十二条　任何单位和个人不得非法干预保险公司赔偿农业保险赔款的义务，也不得限制被保险人取得农业保险赔款的权利。

第四章　业务规则

第二十三条　保险公司经营农业保险业务，应当经国务院保险监督管理机构批准。未经批准，任何单位或者个人不得从事农业保险业务。

保险公司经营农业保险业务管理办法由国务院保险监督管理机构制定。

第二十四条　保险公司经营农业保险业务，实行自主经营、自负盈亏的原则。

保险公司经营农业保险业务，应当与其他保险业务分开管理，单独核算损益。

第二十五条　保险公司应当公平、合理拟订农业保险条款和保险费率，不得损害投保人、被保险人的合法权益。

农业保险条款和保险费率应当依法报国务院保险监督管理机构审批或者备案。

任何单位和个人不得非法干预农业保险条款和保险费率的制定。

第二十六条　保险公司经营农业保险业务，准备金评估和偿付能力报告编制需要采取特殊原则和方法的，应当符合国务院保险监督管理机构的规定。

农业保险业务的财务管理和会计核算，需要采取特殊原则和方法的，由国务院财政部门制定具体办法。

第二十七条　保险公司可以委托农经、农技、农机等乡镇级以及乡镇级以下基层涉农机构协助办理农业保险业务。

保险公司应当与协助办理农业保险业务的基层涉农机构签订书面合同，明确双方权利义务，并在合同中约定相关费用的支付。

保险公司应当加强对协助办理农业保险业务的基层涉农机构的业务指导，制定合法、科学、有效的业务管理制度。

第二十八条　农业保险查勘定损的原始资料是理赔案卷的必要材料，保险公司应当妥善保存。

严禁任何单位和个人涂改、伪造、隐匿或者非法销毁查勘定损的原始资料。

第二十九条　任何单位和个人不得挪用、截留、侵占农业保险赔款。

第三十条　禁止以下列方式骗取农业保险的财政保费补贴：

（一）虚构或者虚增保险标的或者以同一保险标的进行多次投保的；

（二）以虚假理赔套取的资金或者截留、挪用保险金冲销投保人应缴保费或者有关财政保费补贴的；

（三）以虚构中介业务、虚列费用等方式获取的资金或者挪用正常经营费用冲销投保人应缴保费或者有关财政保费补贴的；

（四）以虚假退保等方式套取的资金冲销投保人应缴保费或者有关财政保费补贴的；

（五）以其他方式骗取财政保费补贴的。

第五章　罚　则

第三十一条　保险公司未经批准经营农业保险业务的，由保险监督管理机构责令改正，没收违法所得，并处违法所得 1 倍以上 5 倍以下罚款；没有违法所得或者违法所得不足 10 万元的，处 10 万元以上 50 万元以下罚款；逾期不改正或者造成严重后果的，责令停业整顿或者吊销经营保险业务许可证。

第三十二条　保险公司以外的其他组织和个人未经保险监督管理机构批准，非法从事农业保险业务的，由保险监督管理机构予以取缔，没收违法所得，并处违法所得 1 倍以上 5 倍以下罚款；没有违法所得或者违法所得不足 20 万元的，处 20 万元以上 100 万元以下的罚款。

第三十三条　保险公司经营农业保险业务，有下列行为之一的，由保险监督管理机构责令改正，予以警告，并处 10 万元以上 50 万元以下的罚款；情节严重的，可以限制业务范围、责令停止接受新业务或者吊销经营保险业务许可证：

（一）编制或者提供虚假的报告、报表、文件和资料的；

（二）拒绝或者妨碍依法监督检查的。

第三十四条　保险公司经营农业保险业务，违反本条例规定，有下列行为之一的，由保险监督管理机构责令改正，区别不同情况予以警告，并处 5 万元以上 30 万元以下罚款；情节严重的，可以限制业务范围、责令停止接受新业务或者吊销经营保险业务许可证：

（一）未按照规定对农业保险业务分开管理，单独核算损益的；

（二）利用开展农业保险业务为其他机构或者个人牟取不正当利益的；

（三）未按照规定申请批准或者备案农业保险条款和保险费率的。

第三十五条　保险公司违反本条例第二十九条规定的，由保险监督管理机构责令改正，处 1 万元以上 10 万元以下的罚款。

第三十六条　保险公司违反本条例规定，保险监督管理机构除依照本条例的规定对该公司给予处罚外，对其直接负责的主管人员和其他直接责任人员给予警告，并处 2 万元以上 10 万元以下的罚款；情节严重的，撤销任职资格或者从业资格。

第三十七条　违反本条例第三十条规定，通过各种方式骗取财政保费补贴的，由财政部门依法处罚。

第三十八条　保险公司以外的其他组织和个人参与农业保险活动，有违反本条例规定的其他违法行为的，由相关部门依据有关规定责令整改和处罚。

第三十九条　违反本条例规定，构成犯罪的，依法追究刑事责任。

第六章　附　则

第四十条　保险公司经营涉农保险业务，参照适用本条例。

涉农保险是指除农业保险以外，国家给予政策支持、为农民提供保险保障的保险，包括农房、农机具等财产保险，涉及农民的生命和身体等方面的短期意外伤害保险和短期健康保险。

第四十一条　国务院保险监督管理机构批准设立的其他保险组织，经营农业保险业务，适用本条例。

本条例施行前，已经营农业保险业务的保险公司以外的其他保险组织，自本条例施行之日起2年内，符合国务院保险监督管理机构规定条件的，可继续经营农业保险业务。

第四十二条　经营农业保险业务，本条例未作规定的，对农业保险合同的规范，参照适用《中华人民共和国保险法》中保险合同的有关规定，对农业保险业务的监督管理，适用《中华人民共和国保险法》。

第四十三条　本条例自　年　月　日起施行。

### 附录4　《中华人民共和国保险法》中关于农业保险的相关内容

《中华人民共和国保险法》是由中华人民共和国第十一届全国人民代表大会常务委员会第七次会议于2009年2月28日修订通过，自2009年10月1日起施行。

根据2014年8月31日第十二届全国人民代表大会常务委员会第十次会议《全国人民代表大会常务委员会关于修改〈中华人民共和国保险法〉等五部法律的决定》修正。

《中华人民共和国保险法》具体内容并无农业保险及监管的相关规定，而实践中却完全是套用《保险法》中关于商业保险监管的规则。具体相关内容如下：

第九条国务院保险监督管理机构依法对保险业实施监督管理。

国务院保险监督管理机构根据履行职责的需要设立派出机构。派出机构按照国务院保险监督管理机构的授权履行监督管理职责。

第一百一十条保险公司应当按照国务院保险监督管理机构的规定，真实、准确、完整地披露财务会计报告、风险管理状况、保险产品经营情况等重大事项。

第一百一十一条保险公司从事保险销售的人员应当符合国务院保险监督管理机构规定的资格条件，取得保险监督管理机构颁发的资格证书。

前款规定的保险销售人员的范围和管理办法，由国务院保险监督管理机构规定。

第一百一十四条保险公司应当按照国务院保险监督管理机构的规定，公平、合理拟订保险条款和保险费率，不得损害投保人、被保险人和受益人的合法权益。

第一百三十四条保险监督管理机构依照本法和国务院规定的职责，遵循依法、公开、公正的原则，对保险业实施监督管理，维护保险市场秩序，保护投保人、被保险人和受益人的合法权益。

第一百三十五条国务院保险监督管理机构依照法律、行政法规制定并发布有关保险业监督管理的规章。

第一百三十六条关系社会公众利益的保险险种、依法实行强制保险的险种和新开发的人寿保险险种等的保险条款和保险费率，应当报国务院保险监督管理机构批准。国务院保险监督管理机构审批时，应当遵循保护社会公众利益和防止不正当竞争的原则。其他保险险种的保险条款和保险费率，应当报保险监督管理机构备案。

保险条款和保险费率审批、备案的具体办法，由国务院保险监督管理机构依照前款规定制定。

第一百三十七条保险公司使用的保险条款和保险费率违反法律、行政法规或者国务院保险监督管理机构的有关规定的，由保险监督管理机构责令停止使用，限期修改；情节严重的，可以在一定期限内禁止申报新的保险条款和保险费率。

第一百三十八条国务院保险监督管理机构应当建立健全保险公司偿付能力监管体系，对保险公司的偿付能力实施监控。

第一百三十九条对偿付能力不足的保险公司，国务院保险监督管理机构应当将其列为重点监管对象。

第一百四十条保险公司未依照本法规定提取或者结转各项责任准备金，或者未依照本法规定办理再保险，或者严重违反本法关于资金运用的规定的，由保险监督管理机构责令限期改正，并可以责令调整负责人及有关管理人员。

第一百四十一条保险监督管理机构依照本法第一百四十条的规定作出限期改正的决定后，保险公司逾期未改正的，国务院保险监督管理机构可以决定选派保险专业人员和指定该保险公司的有关人员组成整顿组，对公司进行整顿。

整顿决定应当载明被整顿公司的名称、整顿理由、整顿组成员和整顿期限，并予以公告。

第一百四十二条整顿组有权监督被整顿保险公司的日常业务。被整顿公司的负责人及有关管理人员应当在整顿组的监督下行使职权。

第一百四十三条整顿过程中，被整顿保险公司的原有业务继续进行。但是，国务院保险监督管理机构可以责令被整顿公司停止部分原有业务、停止接受新业务，调整资金运用。

第一百四十四条被整顿保险公司经整顿已纠正其违反本法规定的行为，恢复正常经营状况的，由整顿组提出报告，经国务院保险监督管理机构批准，结束整顿，并由国务院保险监督管理机构予以公告。

第一百四十五条保险公司有下列情形之一的，国务院保险监督管理机构可以对其实行接管：

公司的偿付能力严重不足的；

违反本法规定，损害社会公共利益，可能严重危及或者已经严重危及公司的偿付能力的。

被接管的保险公司的债权债务关系不因接管而变化。

第一百四十六条接管组的组成和接管的实施办法，由国务院保险监督管理机构决定，并予以公告。

第一百四十七条接管期限届满，国务院保险监督管理机构可以决定延长接管期限，但接管期限最长不得超过二年。

第一百四十八条接管期限届满，被接管的保险公司已恢复正常经营能力的，由国务院保险监督管理机构决定终止接管，并予以公告。

第一百四十九条被整顿、被接管的保险公司有《中华人民共和国企业破产法》第二条规定情形的，国务院保险监督管理机构可以依法向人民法院申请对该保险公司进行重整或者破产清算。

第一百五十条保险公司因违法经营被依法吊销经营保险业务许可证的，或者偿付能力低于国务院保险监督管理机构规定标准，不予撤销将严重危害保险市场秩序、损害公共利益的，由国务院保险监督管理机构予以撤销并公告，依法及时组织清算组进行清算。

第一百五十一条国务院保险监督管理机构有权要求保险公司股东、实际控制人在指定的期限内提供有关信息和资料。

第一百五十二条 保险公司的股东利用关联交易严重损害公司利益，危及公司偿付能力的，由国务院保险监督管理机构责令改正。在按照要求改正前，国务院保险监督管理机构可以限制其股东权利；拒不改正的，可以责令其转让所持的保险公司股权。

第一百五十三条 保险监督管理机构根据履行监督管理职责的需要，可以与保险公司董事、监事和高级管理人员进行监督管理谈话，要求其就公司的业务活动和风险管理的重大事项作出说明。

第一百五十四条 保险公司在整顿、接管、撤销清算期间，或者出现重大风险时，国务院保险监督管理机构可以对该公司直接负责的董事、监事、高级管理人员和其他直接责任人员采取以下措施：

通知出境管理机关依法阻止其出境；

申请司法机关禁止其转移、转让或者以其他方式处分财产，或者在财产上设定其他权利。

第一百五十五条 保险监督管理机构依法履行职责，可以采取下列措施：

对保险公司、保险代理人、保险经纪人、保险资产管理公司、外国保险机构的代表机构进行现场检查；

进入涉嫌违法行为发生场所调查取证；

询问当事人及与被调查事件有关的单位和个人，要求其对与被调查事件有关的事项作出说明；

查阅、复制与被调查事件有关的财产权登记等资料；

查阅、复制保险公司、保险代理人、保险经纪人、保险资产管理公司、外国保险机构的代表机构以及与被调查事件有关的单位和个人的财务会计资料及其他相关文件和资料；对可能被转移、隐匿或者毁损的文件和资料予以封存；

查询涉嫌违法经营的保险公司、保险代理人、保险经纪人、保险资产管理公司、外国保险机构的代表机构以及与涉嫌违法事项有关的单位和个人的银行账户；

对有证据证明已经或者可能转移、隐匿违法资金等涉案财产或者隐匿、伪造、毁损重要证据的，经保险监督管理机构主要负责人批准，申请人民法院予以冻结或者查封。

保险监督管理机构采取前款第（一）项、第（二）项、第（五）项措施的，应当经保险监督管理机构负责人批准；采取第（六）项措施的，应当经国务院保险监督管理机构负责人批准。

保险监督管理机构依法进行监督检查或者调查，其监督检查、调查的人员不得少于二人，并应当出示合法证件和监督检查、调查通知书；监督检查、调查的人员少于二人或者未出示合法证件和监督检查、调查通知书的，被检查、调查的单位和个人有权拒绝。

第一百五十六条　保险监督管理机构依法履行职责，被检查、调查的单位和个人应当配合。

第一百五十七条　保险监督管理机构工作人员应当忠于职守，依法办事，公正廉洁，不得利用职务便利牟取不正当利益，不得泄露所知悉的有关单位和个人的商业秘密。

第一百五十八条　国务院保险监督管理机构应当与中国人民银行、国务院其他金融监督管理机构建立监督管理信息共享机制。

保险监督管理机构依法履行职责，进行监督检查、调查时，有关部门应当予以配合。

### 附录5　《中华人民共和国农业法》中关于农业保险的相关内容

1993 年 7 月 2 日第八届全国人民代表大会常务委员会第二次会议通过，自公布之日起施行。

《中华人民共和国农业法》已由中华人民共和国第九届全国人民代表大会常务委员会第三十一次会议于 2002 年 12 月 28 日修订通过，现将修订后的《中华人民共和国农业法》公布，自 2003 年 3 月 1 日起施行。

《全国人民代表大会常务委员会关于修改〈中华人民共和国农业法〉的决定》已由中华人民共和国第十一届全国人民代表大会常务委员会第三十次会议于 2012 年 12 月 28 日通过，现予公布，自 2013 年 1 月 1 日起施行。

第四十六条　国家建立和完善农业保险制度。

国家逐步建立和完善政策性农业保险制度。鼓励和扶持农民和农业生产经营组织建立为农业生产经营活动服务的互助合作保险组织，鼓励商业性保险公司开展农业保险业务。

农业保险实行自愿原则。任何组织和个人不得强制农民和农业生产经营组织参加农业保险。

第四十七条　各级人民政府应当采取措施，提高农业防御自然灾害的能力，做好防灾、抗灾和救灾工作，帮助灾民恢复生产，组织生产自救，开展社会互助互济；对没有基本生活保障的灾民给予救济和扶持。

2004 年中央一号文件：

中共中央 国务院关于促进农民增加收入若干政策的意见（2003 年 12 月 31 日）

（十九）改革和创新农村金融体制。

——加快建立政策性农业保险制度，选择部分产品和部分地区率先试点，有条件的地方可对参加种养业保险的农户给予一定的保费补贴。

2005 年中央一号文件：

中共中央 国务院关于进一步加强农村工作提高农业综合生产能力若干政策的意见（2004 年 12 月 31 日）

（二十三）推进农村金融改革和创新。

——扩大农业政策性保险的试点范围，鼓励商业性保险机构开展农业保险业务。

2006 年中央一号文件：

中共中央 国务院关于推进社会主义新农村建设的若干意见（2005 年 12 月 31 日）

（9）发展农业产业化经营。

——各级财政要增加扶持农业产业化发展资金，支持龙头企业发展，并可通过龙头企业资助农户参加农业保险。

（25）加快推进农村金融改革。

——稳步推进农业政策性保险试点工作，加快发展多种形式、多种渠道的农业保险。

2007 年中央一号文件：

中共中央 国务院关于积极发展现代农业扎实推进社会主义新农村建设的若干意见（2007 年 1 月 29 日）

（三）建立农业风险防范机制。

——要加强自然灾害和重大动植物病虫害预测预报和预警应急体系建设，提高农业防灾减灾能力。积极发展农业保险，按照政府引导、政策支持、市场运作、农民自愿的原则，建立完善农业保险体系。扩大农业政策性保险试点范围，各级财政对农户参加农业保险给予保费补贴，完善农业巨灾风险转移分摊机制，探索建立中央、地方财政支持的农业再保险体系。鼓励龙头企业、中介组织帮助农户参加农业保险。

2008 年中央一号文件：

中共中央 国务院关于切实加强农业基础建设进一步促进农业发展农民增收的若干意见（2008 年 1 月 30 日）

一、加快构建强化农业基础的长效机制

（二）巩固、完善、强化强农惠农政策。——认真总结各地开展政策性农业保险试点的经验和做法，稳步扩大试点范围，科学确定补贴品种。全面落实对粮食、油料、生猪和奶牛生产的各项扶持政策，加大对生产大县的奖励补助，逐步形成稳定规范的制度。根据保障农产品供给和调动农民积极性的需要，统筹研究重要农产品的补贴政策。

六、稳定完善农村基本经营制度和深化农村改革

（五）加快农村金融体制改革和创新。——完善政策性农业保险经营机制和发展模式。建立健全农业再保险体系，逐步形成农业巨灾风险转移分担机制。

2009 年中央一号文件：

中共中央 国务院关于 2009 年促进农业稳定发展农民持续增收的若干意见（2008 年 12 月 31 日）

一、加大对农业的支持保护力度

4. 增强农村金融服务能力——加快发展政策性农业保险，扩大试点范围、增加险种，加大中央财政对中西部地区保费补贴力度，加快建立农业再保险体系和财政支持的巨灾风险分散机制，鼓励在农村发展互助合作保险和商业保险业务。探索建立农村信贷与农业保险相结合的银保互动机制。

二、稳定发展农业生产

9. 加强农产品进出口调控——扩大农产品出口信用保险承保范围，探索出口信用保险与农业保险、出口信贷相结合的风险防范机制。

2010 年中央一号文件：

中共中央 国务院关于加大统筹城乡发展力度进一步夯实农业农村发展基础的若干意见（2009 年 12 月 31 日）

3. 提高农村金融服务质量和水平——积极扩大农业保险保费补贴的品种

和区域覆盖范围，加大中央财政对中西部地区保费补贴力度。鼓励各地对特色农业、农房等保险进行保费补贴。发展农村小额保险。健全农业再保险体系，建立财政支持的巨灾风险分散机制。

24. 提高农业对外开放水平。——推动农产品出口信贷创新，探索建立出口信用保险与农业保险相结合的风险防范机制。

2011 年中央一号文件：

中共中央 国务院关于加快水利改革发展的决定（2010 年 12 月 31 日）

（十七）加强对水利建设的金融支持——鼓励和支持发展洪水保险。提高水利利用外资的规模和质量。

2012 年中央一号文件：

中共中央、国务院关于加快推进农业科技创新持续增强农产品供给保障能力的若干意见（2012 年 2 月 1 日）

4. 提升农村金融服务水平——扩大农业保险险种和覆盖面，开展设施农业保费补贴试点，扩大森林保险保费补贴试点范围，扶持发展渔业互助保险，鼓励地方开展优势农产品生产保险。健全农业再保险体系，逐步建立中央财政支持下的农业大灾风险转移分散机制。

2013 年中央一号文件：

中共中央 国务院关于加快发展现代农业 进一步增强农村发展活力的若干意见（2012 年 12 月 31 日）

二、健全农业支持保护制度，不断加大强农惠农富农政策力度

2. 改善农村金融服务——健全政策性农业保险制度，完善农业保险保费补贴政策，加大对中西部地区、生产大县农业保险保费补贴力度，适当提高部分险种的保费补贴比例。开展农作物制种、渔业、农机、农房保险和重点国有林区森林保险保费补贴试点。推进建立财政支持的农业保险大灾风险分散机制。

2014 中央一号文件发布：

中共中央 国务院关于全面深化农村改革加快推进农业现代化的若干意见（2014 年 1 月 19 日）

27. 加大农业保险支持力度——提高中央、省级财政对主要粮食作物保险的保费补贴比例，逐步减少或取消产粮大县县级保费补贴，不断提高稻谷、小

麦、玉米三大粮食品种保险的覆盖面和风险保障水平。鼓励保险机构开展特色优势农产品保险，有条件的地方提供保费补贴，中央财政通过以奖代补等方式予以支持。扩大畜产品及森林保险范围和覆盖区域。鼓励开展多种形式的互助合作保险。规范农业保险大灾风险准备金管理，加快建立财政支持的农业保险大灾风险分散机制。探索开办涉农金融领域的贷款保证保险和信用保险等业务。

2015 年中央一号文件：

中共中央 国务院关于加大改革创新力度加快农业现代化建设的若干意见（2015 年 2 月 1 日）

30. 健全"三农"支持保护法律制度——积极推动农村金融立法，明确政策性和商业性金融支农责任，促进新型农村合作金融、农业保险健康发展。加快扶贫开发立法。

附

录

173

# 后　记

　　农业保险及其监管是一个相对系统和复杂的问题，不仅涉及经济学、管理学、法学等多学科，同时也涉及农业保险监管机构、承担农业保险的保险公司、农业保险中介及保险经纪人、投保农户、中央及地方政府等主体。因此，笔者在研究过程中，不仅借鉴了大量不同学科理论和学者的研究成果，而且得到政府部门、科研机构、保险公司、行业协会、村委会等的支持。

　　在实证调查、资料收集和著作撰写过程中，湖北省农业厅刘传友研究员、宗庆波主任和曾维超科长、宜昌市夷陵区农业局彭扶林局长和严团章主任、英山县农业局刘会元局长、十堰市竹山农业局张富山局长、五峰县农业局徐坤寿局长、宣恩县农业局田远超主任等提供了巨大的帮助，并提出许多很好的建议，在此深表感谢。感谢中华联合财产保险公司湖北分公司王道成董事长、中华联合财产保险公司农险部沈传宝总经理、中国财产保险有限公司王金山主任。感谢江西省纪委、省监察厅潘钦主任，江西省井冈山市纪委、市监察局谢建军主任，以及江西省吉安县、新干县、峡江县等地党政领导。感谢湖北省保监局、江西省保监局等单位给予本调研的巨大支持。感谢荆州市的彭刚，荆门市的李炎林、黄东涛，天门市的郑文彬，京山县的陈寿武，英山县的曹院芹，仙桃市的王海榕，潜江市的聂社军，监利县的鲁祥林、饶桂芳、朱文华等在调研中给予的帮助。

　　在本书的撰写中，感谢中国农业科学院农业经济与发展研究所、农业经济问题杂志社副社长兼副主编吕新业博士，以及中国林业经济学会、林业经济杂志社赵宣副主编对本书相关研究的指导和认可；感谢中国法学会、中国经济法学会、中国粮食经济学会、湖北省非传统安全研究中心、湖北省粮食经济研究中心、湖北省法学会农业法研究会、湖北省法经济学会、湖北省经济法学会等提供的交流学习平台。

　　本研究成果的取得，要感谢国家自然科学基金委项目支持！感谢湖北省教育厅项目支持！感谢武汉轻工大学重点项目支持！感谢华中农业大学经济与管理学院、武汉轻工大学经济与管理学院及中国粮食经济学会、湖北省农村问题研究中心、湖北省非传统安全研究中心的支持。

感谢雷海章教授、蔡根女教授、易法海教授、李崇光教授、张安录教授、张俊彪教授、冯中朝教授、祁春节教授、杨钢桥教授、钟涨宝教授、陈银蓉教授、刘颖教授、朱再清教授、王秀兰教授、郑炎成教授、李长健教授、刘旭霞教授、张燕副教授、王德强副教授、刘晓丽副教授、程宇光副教授、王虎副教授等学术前辈和专家的指导。感谢黄文胜博士、邢慧茹博士、张彩霞博士、王根芳博士、Mahmoud 博士（埃及）、李恺博士、程静博士、张邦科博士、潘钦博士、闫振宇博士、吴坚博士、田杰博士、李淑华博士、丁鹿伟博士、曾小艳博士、刘飞博士、田波博士、陈燕娟博士、冯兰博士、李优柱博士、陈忠文博士、方红博士、王·卡洛斯博士（委内瑞拉）、徐艳玲博士、万金博士、刘建芳博士、葛兵博士、李平博士、冯璐博士、李新建博士、涂琼理博士、肖艳丽博士、张艳博士、吴九兴博士、张齐武博士、石成华博士、张雪萍博士等莫大的帮助和支持。

最后，感谢武汉轻工大学党委书记王祚桥教授（现湖北中医药大学党委书记）和校长刘民钢教授以及老校长曾其林教授！感谢经济与管理学院院长祁华清教授！感谢华中农业大学副校长李崇光教授！感谢华中农业大学经济与管理学院院长张安录教授！

这是一个终点，更是一个新的起点。人的一生总是充满感恩，并不是一个"谢"字就能够表达的。在未来的征程中，笔者将毫不懈怠、孜孜以求，用最大的努力和更多的成绩，来报答一切帮助过笔者的人。

邓　义　陶建平

2015 年 4 月 12 日